介護職への
ワーク・ライフ・バランス
支援
組織風土とマネジメントから考える

大竹 恵子 著

晃洋書房

は し が き

　本書では，需要の増加にともない人材の安定的な確保が緊急の課題である介護サービス分野における，労働者のワーク・ライフ・バランス（work-life balance，以下 WLB）支援に関して，組織における風土と，それを醸成するマネジメントの視点から検討することを目的としている．特に，以下の点を具体的な研究課題（リサーチ・クエスチョン）として，介護職と介護サービス事業所を対象に，検討および検証している．

　第1に，介護職場における「WLB 支援制度」，「働き方」，「WLB に関する職場風土」を構成する要素に関する検討，第2に，介護職場において WLB に関わる要因（WLB 支援制度，働き方，WLB に関する職場風土）がワーカー個人の就業継続に関する要因に与える影響についての検討，第3に，WLB 支援に効果的なマネジメントのあり方に見られる特徴に関する検討である．

　本書の目的の背景には，近年の高齢化による介護サービスの需要の高まりと，それにともなう安定的な人的資源の確保という課題がある．介護サービス分野における人材確保に関しては，その必要性が強く指摘され，政策的課題としても認識されているところである．学術分野においても，介護職を対象とした就業継続に関する実証研究が見られるようになって久しい．しかし，就業継続に関わるものとして着目されている要因に関しては，探索的に幅広く捉えられていたり，介護職特有のものであるという視点に欠けていたりする傾向が見られるのではないかと考えられる．

　そこで，本書では，第1章において，介護サービス分野における人材確保という課題に関する背景や問題意識の整理を行った上で，第2章において，既存の統計調査などを基に，介護サービス分野における専門職である介護職が，就業継続するにあたって検討すべき問題点に関して，考察をしている．それを踏

まえ，WLB 支援に着目し，第 3 章以降において，介護職の WLB に関して検討を行っている．

　一方の，WLB に関連する課題は，心理学や社会学，経営学，経済学など様々な学問領域で検討されてきている．しかし，その多くは，職種や業種を限定したものではなく，一般的な企業における労働者を対象としたものが中心であり，職種や業種，その職場の特徴に着目した上で検討するという視点からの研究は，まだ十分には蓄積されていないと考えられる．本書は，介護職という，特殊な勤務体制をもつヒューマン・サービス職に着目することで，WLB に関する学術的知見のさらなる充実にも貢献できるのではないかと考える．

　第 3 章では，WLB 支援が，実際の施策としてどのように展開されてきたかを整理した上で，日本の介護職場における WLB に関しての具体的な問題点について検討している．それらの問題点を基に，第 4 章において，WLB に関連する先行研究を踏まえて，先述の，本書において検討する具体的な研究課題（リサーチ・クエスチョン）を導き出し，提示している．そして，第 5 章から第 8 章において，それらの研究課題に関して，質的データによる検討および量的データによる検証を行っている．第 9 章において，本書全体のまとめと，本書が示す，産業・組織心理学を中心とする周辺的学問領域への学術的貢献（理論的インプリケーション）と，政策的課題への実践的貢献（実践的インプリケーション）とを整理している．最後に，残された研究課題と今後の研究展望に関して述べている．

目　　次

はしがき

第1章　介護サービス分野における人材確保の問題 ……………… *1*

第1節　介護サービス人材の必要性　*(1)*

第2節　介護サービス人材の質的不足感　*(3)*

おわりに　*(6)*

第2章　介護職の就業継続に影響を及ぼす要因 …………………… *7*

第1節　介護職の介護サービス分野における就業状況　*(7)*

第2節　介護職の就業継続に関する先行研究　*(11)*

第3節　介護サービス分野での就業に関する意識の実態　*(13)*

第4節　ワーク・ライフ・バランスについて検討すべき理由　*(22)*

おわりに　*(24)*

第3章　日本の介護職におけるワーク・ライフ・バランス ……*25*

第1節　ワーク・ライフ・バランスに関する概念整理　*(25)*

第2節　ワーク・ライフ・バランスに関する先行研究　*(27)*

第3節　ワーク・ライフ・バランス支援策　*(30)*

第4節　介護職のワーク・ライフ・バランスに関する論点　*(35)*

おわりに　*(43)*

第4章　リサーチ・クエスチョンの検討 ……………………………*45*

第1節　介護の職場でのワーク・ライフ・バランス支援の難しさ　*(45)*

第2節 組織風土に関する先行研究 (47)

第3節 マネジメントに関する先行研究 (55)

第4節 本書におけるリサーチ・クエスチョン (63)

第5章 ワーク・ライフ・バランスに関わる要因の構成概念……67

第1節 インタビュー調査の目的 (67)

第2節 インタビュー調査の方法 (68)

第3節 各カテゴリーの構成概念 (72)

第4節 分析結果の考察 (82)

お わ り に (86)

第6章 ワーク・ライフ・バランスから就業継続意図への 影響に関する質的検討……89

第1節 質的検討の目的 (89)

第2節 質的検討の方法 (90)

第3節 質的検討の結果 (91)

第4節 分析結果の考察 (99)

お わ り に (104)

第7章 ワーク・ライフ・バランスから就業継続意図への 影響に関する検証……107

第1節 検証の目的と仮説 (107)

第2節 検証の方法 (108)

第3節 分 析 結 果 (111)

第4節 検証結果の考察 (118)

お わ り に (122)

目　次　v

第8章　ワーク・ライフ・バランスに支援的な職場環境を醸成するマネジメント………………123

第1節　質的検討の目的　（123）

第2節　質的検討の方法　（125）

第3節　質的検討の結果　（127）

第4節　分析結果の考察　（136）

おわりに　（148）

第9章　介護職への効果的なワーク・ライフ・バランス支援の実現に向けて………………149

第1節　結果の整理　（149）

第2節　総合考察　（154）

第3節　理論的インプリケーション　（157）

第4節　実践的インプリケーション　（159）

第5節　本書の限界と課題　（160）

第6節　今後の展望　（162）

あとがき　（165）

初出一覧　（168）

引用文献　（169）

索引　（183）

第1章
介護サービス分野における人材確保の問題

　本章では，本書で着目する介護サービス分野における人材定着の問題点に関して整理している．第1節ではその背景として，介護サービス分野における人材確保の必要性に関して述べている．第2節では本書の問題意識として，介護サービス分野における就業継続に関して，離職率や人材不足感の視点と，就業継続の重要性の視点から述べている．

第1節　介護サービス人材の必要性

　近年，日本においては，著しい高齢化が進んでいる．国立社会保障・人口問題研究所〔URL 1〕[1]の推計によれば，日本の総人口が2010年の1億2806万人から，2060年には8674万人へと減少する見込みであるのに対し，65歳以上の人口は，2010年の2978万人から，2060年には3464万人へと増加し，総人口の39.9%を占める見込みである．さらに，国立社会保障・人口問題研究所〔URL 2〕によると，世帯主年齢が65歳以上の一般世帯数は，2010年の1620万世帯から，2035年には2021万世帯へと増加し，総世帯数に占める割合も，2010年の31.2%から，2035年には40.8%へ大幅に上昇すると推計されている．それにともない，今後，介護サービスの必要性もさらに高まっていくことが予想される．厚生労働省〔URL 3〕によれば，介護職員の必要数は，2022年度の約215万人から，2026年度には約240万人，2040年度には約272万人へ上ると推計されている．

　そのような状況の中，介護サービスの分野では，安定した人材の確保が重要な課題となっている．厚生労働省は，介護に関わる人材の需要の高まりを見据

え，その安定した確保のため，1993年に策定した「社会福祉事業に従事する者の確保を図るための措置に関する基本的な指針」を2007年に見直し，人材確保のための取り組みを整理している．その指針においては，人材確保のための視点として，次の5点が挙げられている．第1に，就職期の若年層からの評価向上や，従事者の定着促進を図るための「労働環境の整備の推進」，第2に，増大する福祉・介護ニーズへの対応や質の高いサービス確保，従事者の資質向上のための「キャリアアップの仕組みの構築」，第3に，国民の，福祉・介護労働が働きがいのある仕事であることへの理解や，福祉・介護サービス分野への積極的参入・参画促進のための「福祉・介護サービスの周知・理解」，第4に，福祉・介護の有資格者等の有効活用，潜在的有資格者等の掘り起しといった「潜在的有資格者等の参入の促進」，そして第5に，福祉・介護労働において新たな人材として期待される，他分野で活躍する人材，高齢者等に関しての「多様な人材の参入・参画の促進」である［URL 4］．

　佐藤・堀田［2014］においても，介護人材の確保施策が挙げられており，そこでは，第1に「新たに介護職として入職する人材を増やすこと」，第2に「介護職として入職した人材の定着を支援すること」の大きく2つの視点が指摘されている．それによると，第1の視点については，介護人材の養成を目的とする教育機関への入学希望者や，実際に介護職に就く卒業生を増やすこと，介護とは関連のない教育機関からの入職者や他職種からの転職者の拡大などへの取り組みが挙げられている．第2の視点については，介護職に就いた人材の現在の勤務先である事業所への定着や，その事業所を離れても再び介護職を選択するよう支援する取り組みなどが挙げられるとしている．

　このように，介護分野における人材確保については，入職する者を増やすという「入口の拡大」の視点と，介護職に就いた者の介護分野あるいは事業所への就業継続を支援するという「人材定着」の視点が考えられる．ともに，重要な視点であり，前者の入職する者を増やすという点については，長期的な視野からその必要性が高いと考えられる．

しかし，堀田［2012］は，介護分野への人材の入職に関しては，現状として，経済情勢にともなう他産業における失業率などの影響を受けやすい傾向があることを指摘している．さらに，後者の就業継続への支援という点に関して，介護分野では，特に離職率の高さが問題として指摘されることが多い．たとえ，介護分野に入職する人材が増えても，その職場で定着し，就業継続されなければ，安定的な人事確保にはつながらないだろう．そこで，本書では，人材確保の視点のうちでも，介護職に就いた人たちの就業継続という視点を中心に，介護分野における人材定着に関する研究課題について検討することとする．

第2節　介護サービス人材の質的不足感

1）　介護サービス分野における離職率と人材不足感

　介護サービス分野においては，その離職率の高さがしばしば指摘されてきた．ここ数年での離職率について見てみる．厚生労働省の「雇用動向調査」によると，労働者全体での離職率は，2022（令和4）年では15.0％，2023（令和5）年では15.4％である［URL 5, URL 6］．それに対し，介護労働安定センターの「介護労働実態調査」によると，介護職（訪問介護員と介護職員の2職種合計）の離職率は，2022（令和4）年度では14.4％，2023（令和5）年度では13.1％と，労働者全体での離職率と大きく異なる状況は見られないようである．

　しかし，重要な問題だと考えられるのは，実際の現場における人材の不足感である．介護職においては，離職率の変化にかかわらず，事業所における人材の不足感がわずかに増加傾向にあるという指摘もある［堀田 2012］．介護労働安定センターの「介護労働実態調査」を基に，近年の介護職場における従業員の過不足状況を見てみると，不足感（「大いに不足」＋「不足」＋「やや不足」）を持っている事業所の割合は，2019（令和元）年度では65.3％，2020（令和2）年度では60.8％，2021（令和3）年度では63.0％，2022（令和4）年度では66.3％，2023（令和5）年度では64.7％と，6割を超える高い水準で推移している［URL

7, URL 8, URL 9, URL 10, URL 11].

　このように，介護サービス分野は，他業種と比較した場合の相対的な離職率の水準に関わらず，現場における人材の不足感は高い水準で増加している傾向が窺える．それでは，介護の職場における人材の不足感とは，何に起因するものなのだろうか．介護サービス分野では，人材の量的確保のみならず，質的確保を重要視する指摘も見られる［北浦 2013］．さらに，西川［2008］は，介護職に関して，質的充実と量的拡充とは切り離して考えることができず，労働の質が高まらなければ量的な拡充も困難になってくるだろうと指摘している．介護職場における人材の不足感に関しては，量的な不足感のみならず，質的な不足感についても留意する必要があるのではないかと考えられる．

　介護労働安定センターの「介護労働実態調査」によると，「（過去1年間に）採用した者の人数・質についての評価」という項目において，質的に不足感を持っている（「人数は満足しているが，質的には満足していない」＋「人数・質ともに確保できていない」）と回答した事業所の割合は，2019（令和元）年度では47.3％，2020（令和2）年度では38.0％，2021（令和3）年度では41.4％，2022（令和4）年度では41.3％，2023（令和5）年度では42.9％と，4割前後の水準で推移している［URL 7, URL 8, URL 9, URL 10, URL 11］．一方，同項目において，量的（人数的）に不足感を持っている（「質には満足だが，人数は確保できていない」＋「人数・質ともに確保できていない」）と回答した事業所の割合は，2019（令和元）年度では44.7％，2020（令和2）年度では36.5％，2021（令和3）年度では41.2％，2022（令和4）年度では42.5％，2023（令和5）年度では46.4％と，2021（令和3）年度までは，いずれの年度も質的な不足感を持つ事業所の割合をわずかながら下回っている［URL 7, URL 8, URL 9, URL 10, URL 11］．しかし，採用する人材の量的な不足感に関しては，近年上昇傾向が見られる．このように，介護職場の人材の不足感に関しては，量的不足感のみならず，質的不足感も大きく影響しているのではないかと推測される．

2） 介護職の就業継続が重要である理由

　前述のように，介護サービス分野においては，量的な人材不足感だけでなく，質的な人材不足感が重要な問題として存在することが窺える．質的な不足感に大きな影響を及ぼす一因と考えられるのが，介護職者個人の専門性やスキルの高さ，熟練度ではないだろうか．

　介護職の専門性に関して，西川［2008］は，介護の質の向上に必要な知識ならびにスキルの蓄積や，それらの知識やスキルを備えた人材の育成が進まなければ，介護職に求められる機能や役割を十分に果たせず，介護労働が「非熟練労働」に止まってしまう可能性を指摘している．そして，そのような知識やスキルの蓄積，それらを備えた人材の育成には，新規採用による人材の量的確保だけでなく，人材の定着促進が重要であると述べられている．さらに，それによると，介護労働に関して，「人」を対象としているため，課題発見・設定における高度なスキルが要求され，その獲得には，ケース・スタディによる学習のみではなく，現場での実践学習を通して出来るだけ多くの「レパートリー」を蓄積していくことが重要だとも指摘されている．

　佐藤［2008］は，介護サービス分野に関して，社会的な資格を必要とする仕事が多いものの，社会的資格は，仕事に求められる職業能力の最低水準の開発可能性を担保するものに過ぎず，その可能性の具体化には職業能力の開発が不可欠であり，介護サービス分野は仕事内容が固定化されたものではなく多様で変化するものであるため，継続的な能力開発が必要だと指摘している．さらに，その能力開発の機会に関しても，研修などの OFF-JT（off the job training，職場外訓練）が想定されている場合が多く，OFF-JT も重要ではある一方で，介護サービス分野の場合は，実際にその仕事に従事し，仕事をこなしていくことが結果として能力開発につながる OJT（on the job training，仕事を通じての能力開発）が重要だと述べられている．

　介護サービス分野で就業継続することに関しては，介護職が現状として置かれている状況において，介護労働を「熟練労働」として，より専門性を高めて

いくためにも，高い必要性があると考えられる．また，離職率の低い介護施設（nursing homes）では，質の高い介護を提供できていたり，雇用や教育訓練にかかる費用が抑えられたりしているという指摘もある［Donoghue 2010］．介護職が介護サービス分野で就業継続することで専門性を高めることは，組織にとっても有益なことだと考えられる．

お わ り に

本章では，まず第1節において，本書が問題として着目している介護サービス分野の人材確保に関して，その背景には高齢化にともなう介護職に関するマンパワーの必要量の高まりがあることや，介護職に就いた人材の就業継続という視点からの検討の必要性があることなどを確認した．そして第2節では，第1項において，介護の職場の人材の不足感に関して，量的不足感のみでなく質的不足感も大きく影響している可能性があることを既存の統計調査を基に確認した上で，第2項において，その理由として，介護職が担う介護労働に，現場での経験によって専門性が高まる「熟練労働」という側面があることを説明した．

これらの内容から，介護職の就業継続に関して検討するという，本書の問題意識の重要性を確認した．そこで，次章において，介護職の就業継続に影響を及ぼす要因として，どのような点に着目すべきかに関して，介護職を対象とした既存の統計調査などを基に検討する．

注
1）URL は初出の順に番号を付し，本書末の引用文献において URL リストを示す．
2）「介護労働実態調査」における離職率は，各年度の前年の10月から当該年の9月までの1年間における数値である．

第2章
介護職の就業継続に影響を及ぼす要因

　本章では，介護職の就業継続に影響を及ぼす要因として，どのような点に着目すべきか検討する．第1節では，介護職の介護サービス分野における就業状況に関して，既存の統計調査などを基に，整理している．第2節では，介護職の就業継続に焦点をあてた国内外の先行研究のレビューを行い，就業継続に影響を与える要因として，どのような点が取り上げられてきたのか整理している．第3節では，日本の介護職の介護サービス分野での就業に関する意識の実態に関して，既存の統計調査を基に整理した上で，第2節の先行研究レビューで挙げられた，就業継続に影響を及ぼす要因と照らし合わせ，本書において取り上げるべき研究課題について検討している．そして，第4節において，本書で取り組む課題として取り上げる，就業継続に影響を及ぼす要因に関して述べている．

第1節　介護職の介護サービス分野における就業状況

　本節では，介護職の就業継続の実態に関して検討するための例として，介護福祉士資格取得者の就業状況に着目して，整理する．介護福祉士は，今後の介護サービス分野において，中心的役割を担っていくことが期待される資格である．厚生労働省［URL 12］の資料においても，介護サービスに関して，「量」の確保のみでなく，「質」の確保ならびに向上が不可欠であるとした上で，介護職については将来的に介護福祉士を任用資格の基本とすべきであると指摘されている．

しかし，介護福祉士に関しては，資格を持ちながらも介護分野に就業していない「潜在的有資格者」，つまり潜在的介護福祉士（潜在介護福祉士）の問題が指摘されている．厚生労働省の「社会福祉事業に従事する者の確保を図るための措置に関する基本的な指針」においても，「有資格者等の有効活用」や「潜在的有資格者等の掘り起し」の必要性が挙げられている［URL 4］．その実態は，どのような状況なのであろうか．そこで，介護職の中でも，特に高い専門性を持つと考えられる介護福祉士において，どの程度，介護サービス分野での就業継続がなされているかを概観することにより，介護職の当該分野での就業継続の実態に関して検討する．

介護福祉士資格登録者数は，社会福祉振興・試験センター［URL 13］の示すところによると，2007（平成19）年度以降，1年ごとに8万人弱から10万人弱ほど増加し続けており，2012（平成24）年度には100万人を突破し，2023（令和5）年度には194万1748人に達している．また，それによると，単年度増加数についても2010年代前半まで増加傾向にあり，2014（平成26）年度には11万695人と10万人を超え，近年では6万人前後で推移している．

このように，資格登録者数は安定的な増加傾向にある介護福祉士に関して，実際には，介護分野に従事していない割合が一定数いることが指摘されている．厚生労働省［URL 4］によれば，2005年までに介護福祉士資格を取得している約47万人のうち，実際に介護分野で働いているのは約27万人に止まっていると指摘されている．

年度毎の状況について具体的に見てみる．**表2-1**に示すように，厚生労働省［URL 14］によれば，介護福祉士の介護分野での就業率は，2008（平成20）年以降，55.6％（2008年），58.8％（2009年），58.7％（2010年），57.7％（2011年），58.4％（2012年）と，6割に満たない状況が続いている．また，同じく**表2-1**に示すように，介護職員全体に占める介護福祉士の割合は，31.7％（2008年），33.8％（2009年），35.7％（2010年），36.4％（2011年），37.6％（2012年）と，緩やかな増加傾向にあるものの，3割台に止まっている．

表2-1 介護福祉士の介護分野における就業状況

単位：%

	2000 (H12)	2001 (H13)	2002 (H14)	2003 (H15)	2004 (H16)	2005 (H17)	2006 (H18)	2007 (H19)	2008 (H20)	2009 (H21)	2010 (H22)	2011 (H23)	2012 (H24)
介護福祉士の介護分野就業率	62.4	61.1	58.6	55.4	53.6	56.2	54.9	55.6	55.6	58.8	58.7	57.7	58.4
介護職員に占める介護福祉士の割合	24.2	24.1	24.0	23.0	23.9	23.4	25.6	28.6	31.7	33.8	35.7	36.4	37.6

（注）表中の「介護福祉士の介護分野就業率」は，厚生労働省「介護サービス施設・事業所調査」，社会福祉振興・試験センター「各年度9月末の登録者数」を基に算出されている．ならびに，表中の「介護職員に占める介護福祉士の割合」は，厚生労働省「介護サービス施設・事業所調査」を基に算出されている．
（出所）厚生労働省［URL 14］を基に筆者作成．

　この状況に関して，同じく潜在的有資格者の活用が課題となっている看護師と比較して検討する．実際に，厚生労働省［URL 15］の資料によれば，2011年時点の看護分野での就業者数（看護師のみではない）は約150万人であるのに対し，潜在的看護職員は推計で約71万人存在するとされている．

　宮﨑［2012］は，看護師の免許保持者数を推計した上で，看護分野での就業率について算出している．使用データの制約により2年おきの数値であるが，それによると，看護師の看護分野における就業率（65歳未満・男女計）は，71.83％（2004年），71.72％（2006年），72.75％（2008年），74.38％（2010年）と，7割を超える水準を保っている．この結果から，看護師においても，潜在的有資格者の問題は課題となっているものの，介護福祉士と比較すると，その就業率は高い傾向にあることが窺える．つまり，同じ国家資格でありながら，介護福祉士資格は，その取得が必ずしも当該分野での就業につながってはいない傾向があるのではないかと考えられる．

　さらに，宮本・瀬岡［2013］は，看護師と介護福祉士に関して，潜在率はほぼ等しいものの，各専門分野への職場復帰に対して積極的な意図を持っている人の割合である「従事可能率」については，看護師の方が高いと指摘している．この点について，日本看護協会［URL 16］の調査によると，回答者の潜在的看護職員（看護師，准看護師の免許取得者）のうち，看護分野での就業意図がある

（「看護職として働きたい」）と回答した割合は77.6％に上り，就業意図がない（「看護職として働く気はない」）と回答した割合は5.2％，「どちらでもない」と回答した割合は14.6％に止まっている．

　それに対して，介護福祉士に関しては，まず厚生労働省［URL 17］の「介護福祉士等現況把握調査（実施主体：社会福祉振興・試験センター）」の結果によれば，回答者の中でも調査時に他分野で就業している潜在的介護福祉士では，介護分野での就業意図があると回答した割合は51.1％（「是非戻りたい」：6.8％，「条件があえば戻りたい」：44.3％）と約半数程度であり，就業意図がない（「戻りたくない」）とした割合は19.3％，「わからない」が25.7％，「不明」が3.9％であった．同じく厚生労働省［URL 17］において，調査時に就業していない潜在的介護福祉士では，就業意図があると回答した割合は64.1％（「是非戻りたい」：11.0％，「条件があえば戻りたい」：53.1％），就業意図がない（「戻りたくない」）とした割合は14.1％，「わからない」が19.1％，「不明」が2.6％であった．

　次に，「第11回介護福祉士の就労実態と専門性の意識に関する調査」［日本介護福祉士会 2015］によれば，回答者の中で調査時に他分野で就業している，あるいは就業自体していない潜在的介護福祉士のうち，介護分野での就業意図があるとした割合は47.4％（「することが決まっている」：7.1％，「するつもりだが具体的には決まっていない」：40.4％）であり，就業意図がない（「する予定はない」）と回答した割合は30.3％，「その他」は11.1％，「無回答」は11.1％であった．これらの調査結果から，看護職（看護師・准看護師）に比べ，介護福祉士は，各専門分野での就業率のみでなく，潜在的有資格者の今後の就業意図も低い傾向にあることが窺える．

　先述のように，介護福祉士は，今後の介護サービス分野において，中心的役割を担っていくことが期待されている．厚生労働省［URL 18］によると，2025年に向けた介護人材確保に関しては，「①持続的な人材確保サイクルの確立」，「②介護人材の構造転換（「まんじゅう型」から「富士山型」へ）」，「③地域の全ての関係主体が連携し，介護人材を育む体制の整備」，「④中長期的視点に立った計

画の策定」という4つの基本的な考え方に沿って進めることが必要だとされている. その中でも, 2点目の介護人材の構造転換に関しては, 現在の介護分野での課題を「専門性が不明確で役割が混在」している点や,「将来展望・キャリアパスが見えづらい」という点だと捉え, 介護人材の構造の現状を「まんじゅう型」と表現しており, そこから, 専門性の明確化や質の向上という「高さ」と, 多様な人材の参入促進という「すそ野の広さ」を併せ持つ「富士山型」へと転換していく必要性を指摘している [URL 18]. このように, ただ量的な拡大のみを目指すのではなく, それと同時に, それぞれの役割を明確化し, 能力に応じた機能分化によって, サービスの質を高めていくことが求められる中で, 介護福祉士は重要な役割を担うことが期待されているのである. そのような介護福祉士においても, 資格を取得しながらも介護サービス分野に就業していない割合が比較的高い傾向にあることや, 今後の就業意図に関しても高いとは言い難い状況にあることは, 深刻な問題であると考えられる.

第2節　介護職の就業継続に関する先行研究

本節では, 介護職の就業継続に焦点をあてた国内外の先行研究のレビューを行い, 就業継続に影響を与える要因として, どのような点が取り上げられてきたのか整理する. アメリカにおいては, ケアワーカー (care worker) であるナーシングアシスタント (certified nursing assistant) の離職の多さが問題視されている [Donoghue 2010]. したがって, 本書では, このナーシングアシスタントを対象とした先行研究も含めてレビューを行う. 介護職の離職や就業継続に関する先行研究では, 様々な要因が検討されている.

まずは, 組織や施設の特性などに関する組織的要因である. Brannon et al. [2002] は組織的要因として, 介護職の訓練度やスタッフの専門性などの臨床的資源や, 病院との連携などの経営的資源に着目し, 離職率の高い組織と低い組織の比較を行っている. Castle and Engberg [2006] は, 組織の特性とし

てスタッフのレベルなどに着目している．小檜山［2010］は，組織特性として
サービス類型や相談窓口の有無などに着目し，訪問系に対して，介護老人福祉
施設や介護老人保健施設，介護療養型医療施設などの入所系のサービスである
ことが離職意図を有意に高め，相談窓口があることが離職意図を有意に低下さ
せることを示している．大和［2010］では，組織特性に関連する要因として，
職場の環境や人事評価・処遇のあり方，教育訓練・能力開発，賃金に関する満
足感が，就業継続意図と有意な関連があることが示されている．

　大和［2010］でも検討されている賃金・給与の影響に関しては，花岡［2009a;
2009b; 2011］においても着目されており，離職率が相対的に高い組織の方が相
対賃金が離職に与える影響が大きいこと［花岡 2009a］や，都市部の介護職（正
規）において相対賃金が離職率を有意に低下させること［花岡 2009b］が指摘さ
れている．しかし，Rosen et al.［2011］においては，賃金・給与が離職意図と
離職行動のどちらにも影響を及ぼさないことが言及されている．また，加藤
［2015］は，相対賃金が，満足度とは有意に関連しているが，就業継続意図とは
有意な関連が見られなかったことを示している．

　組織的要因として，柏原・永井・彦坂［2016］は，介護施設の組織構造に着
目し，従業者数や夜勤数，経験割合，有資格率などを基に類型化した組織構造
別に離職率を比較している．その結果，比較的経験豊富な職員が多く配置され
有資格者率も高い組織において，離職率が有意に低いことが示唆されている．

　組織的要因に対して，上司などに関する要因や職場におけるコミュニケーシ
ョンなど，マネジャーや人間関係に関する対人的・集団的要因についての先行
研究も見られる．Anderson, Corazzini and McDaniel［2004］は，コミュニケー
ションの取りやすさに着目している．Decker, Harris-Kojetin and Bercovitz
［2009］は，上司の行動（公平性や配慮など）への評価が，内的満足感を介して離
職意図に影響を及ぼす可能性を示唆している．Donoghue and Castle［2009］は
リーダーシップのタイプ（調和的・専制的など）に着目し，それによる離職率の
違いを見ている．大和［2010］は，職場の人間関係に関する満足感が就業継続

意図に有意な関連を示していると述べている．マネジャーによる管理に関しては，小木曽ほか［2010］が，職場における管理に対する満足感が，介護サービス分野内での他の事業所への転職意図と有意に関連していることを示唆している．

　そして，仕事そのものに関することやワーカーの個人属性に関することなどの，個人的要因についての先行研究も見られる．大和［2010］は，仕事の内容ややりがいに対する満足感が就業継続意図に有意に関連していることを示している．仕事内容に関わる要因としては他にも，佐藤ほか［2003］が役割葛藤や役割曖昧性といった役割ストレスに着目し，それらが情緒的緊張を介して離職意図に影響を及ぼすことを確認している．また，小木曽ほか［2010］は，職業に対する誇りが満たされることが，介護サービス以外の分野への転職意図と有意に関連していることを示している．

　白石ほか［2011］は，離職意図へ影響を与える要因として，キャリアコミットメントと，介護の仕事に対する価値観や態度などの介護観に着目している．緒形・會田・長屋［2015］は，ワーカーの職位と職場での経験年数という職場におけるキャリアが，組織コミットメントを介して就業継続意図に影響を及ぼす可能性を示唆している．このように，個人のキャリアに関する要因も就業継続に関連することが確認されている．

　以上のように，介護職の就業継続に影響を及ぼす要因は，組織的要因から対人的・集団的要因，個人的要因と多岐にわたって検討されている．そこで本書では，次節において，日本の介護職を対象に行われた既存の統計調査から，就業継続にあたって具体的に問題となる点に関して考察する．

第3節　介護サービス分野での就業に関する意識の実態

　本節では，「介護福祉士等現況把握調査（実施主体：社会福祉振興・試験センター）」［URL 17］および「第11回介護福祉士の就労実態と専門性の意識に関す

る調査」［日本介護福祉士会 2015］の記述統計の結果を基に，日本の介護職（介護福祉士）の就業意識の実態について整理する．特に，調査時に福祉・介護以外の分野に就業している有資格者と，就業自体していない有資格者との比較から，介護福祉士の就業継続につながる要因や，潜在化の要因について考察する．

「介護福祉士等現況把握調査」（以下，現況把握調査）とは，介護福祉士，社会福祉士，精神保健福祉士の資格取得者に関して，その就業に関する状況や意識について調査・分析することを目的として，調査に同意を得られた資格取得者を対象に行われたものである［URL 17］．そして，「第11回介護福祉士の就労実態と専門性の意識に関する調査」（以下，介護福祉士会調査）とは，介護福祉士の就業状況や業務内容等の実態調査を目的に，日本介護福祉士会会員の一部を対象に行われたものである［日本介護福祉士会 2015］．

1）　潜在的有資格者の意識・実態にみる課題

まず，現況把握調査における「福祉・介護分野へ復帰・就業する上で改善して欲しいこと（複数回答）」という調査項目を基に，調査時点において福祉・介護分野に就業していない介護福祉士資格取得者の意識や実態から，潜在化につながる可能性のある要因について考察する（表2-2）．

第1に，給与に関する点が挙げられる．調査時の就業状況（介護・福祉以外の他分野に就業あるいは非就業）や，福祉・介護分野での就業経験の有無に関わらず，回答率が最も高かったのは，「資格に見合った給与水準に引き上げる」であり，すべての群において回答率が50％を上回っている．また，「経験に見合った給与体系の構築」という回答も，福祉・介護分野での就業経験がある群においては，30％程度の回答率であった．

第2に，働き方に関する点が挙げられる．比較的，すべての群において回答率の高かった項目は「有給休暇や育児休業等のしやすい環境整備」であり，どの群においても回答率が25％を上回っている．それに加え，調査時に非就業の群においては，福祉・介護分野での就業経験の有無に関わらず，「子育てを行

第2章　介護職の就業継続に影響を及ぼす要因　*15*

表2-2　福祉・介護分野へ復帰・就業する上で改善して欲しいこと

	上位回答（複数回答）
他分野（経験有） 〔n=7220〕	1位：資格に見合った給与水準に引き上げる（65.3%） 2位：経験に見合った給与体系の構築（30.9%） 3位：有給休暇や育児休業等のしやすい環境整備（25.5%） 4位：社会的な評価を向上させる（25.2%） 5位：作成書類の軽減等事務作業の効率化・省力化（18.4%）
他分野（経験無） 〔n=2007〕	1位：資格に見合った給与水準に引き上げる（69.8%） 2位：有給休暇や育児休業等のしやすい環境整備（31.2%） 3位：社会的な評価を向上させる（28.1%） 4位：労働時間を短縮する（20.7%） 5位：経験に見合った給与体系の構築（20.6%）
非就業（経験有） 〔n=20802〕	1位：資格に見合った給与水準に引き上げる（62.4%） 2位：有給休暇や育児休業等のしやすい環境整備（32.4%） 3位：経験に見合った給与体系の構築（29.7%） 4位：子育てを行う支援体制の充実（25.0%） 5位：社会的な評価を向上させる（22.2%）
非就業（経験無） 〔n=2459〕	1位：資格に見合った給与水準に引き上げる（51.9%） 2位：有給休暇や育児休業等のしやすい環境整備（26.2%） 3位：経験に見合った給与体系の構築（19.2%） 4位：子育てを行う支援体制の充実（19.0%） 5位：労働時間を短縮する（17.7%）

（注）表中の「他分野」は「調査時，福祉・介護以外の分野に就業している」，「非就業」は「調査時，就業自体していない」群を示す．ならびに表中の「経験有」は「福祉・介護分野での就業経験有り」，「経験無」は「福祉・介護分野での就業経験無し」を示す．
（出所）厚生労働省［URL 17］を基に筆者作成．

う支援体制の充実」という回答が上位に入っている．また，福祉・介護分野での就業経験がない群では，調査時の就業状況に関わらず，「労働時間を短縮する」という回答が上位に入っている．このように，休暇や休業，子育て支援，労働時間など，WLBに影響を与えるような，働き方に関する項目は，福祉・介護分野で働く上での問題点となっているようである．

その他にも，第3に「社会的な評価を向上させる」という項目が，非就業（経験無）群以外のすべての群において20%以上の回答率で上位に入っている．そして第4に，「作成書類の軽減等事務作業の効率化・省力化」という項目が，福祉・介護分野での就業経験を持つ他分野就業群における上位回答として見られる．

前述の調査項目から導き出された，いくつかの潜在化の要因に関して，他の調査項目を基に検討する．まず第1の，給与に関する点については，「福祉・介護分野の仕事を辞めた理由（複数回答）」という調査項目において，調査時に他分野で就業している福祉・介護分野経験あり群で最も回答率の高いものとして，「給与等の労働条件が悪いため（32.2%）」が挙げられている．給与水準への不満足感は，福祉・介護分野から他分野の仕事への人材の流出につながる可能性が窺える．一方，調査時の就業状況（他分野に就業あるいは非就業）に関わらず，福祉・介護分野での就業経験がない群においては，「就職する際の就業先の対象として福祉・介護分野を検討しなかった理由（複数回答）」という調査項目に対して，「給与・諸手当が低かった」という回答の割合が，35.3%（他分野で就業），33.8%（非就業）で，それぞれ最も高い．この結果から，給与面に関しては，就職前の情報として知ることができるため，入職そのものへの障壁となる可能性も示唆される．

次に，第2の働き方に関する点としては，介護福祉士会調査の「職場における労働条件に関する課題（複数回答）」という質問項目においても，「年次有給休暇が取れない・取りにくい」という回答が42.3%で最も高い割合となっており，有給休暇が取りにくい職場環境が問題となっている傾向が窺える．また，現況把握調査の，調査時に非就業である群に対する「現在働いていない理由」という質問項目では，「出産・子育てのため」という回答の割合が，38.1%で最も高い．現況把握調査においては，調査時に他分野に就業している群と，非就業の群それぞれに対して，介護・福祉分野への復帰意向も尋ねているが，他分野に就業している群では「是非戻りたい」が6.8%，「条件があえば戻りた

い」が44.3％であるのに対し，非就業の群では「是非戻りたい」が11.0％，「条件があえば戻りたい」が53.1％と，非就業の群の方が介護・福祉分野への復帰意向が高い傾向が見られる．子育てとの両立が可能となるような職場環境であれば，就業自体していない群に対して，介護分野での就業復帰へのアピールとなる可能性が考えられる．

　第3の社会的評価に関する点は，介護福祉士会調査において，職場と一般社会それぞれで介護福祉の専門性を認められているかどうかを問う質問項目が見られた．それによると，職場においては，概ね認められている（「認められている」＋「どちらかというと認められている」）と感じている割合が57.9％，概ね認められていない（「認められていない」＋「どちらかというと認められていない」）と感じている割合が14.9％という結果になっており，概ね認められていると感じている割合の方が高いものの，その割合は6割に達しておらず，専門職として十分な割合と言えるかどうかには疑問が残る．さらに，一般社会においては，概ね認められている（「認められている」＋「どちらかというと認められている」）と感じている割合が32.6％，概ね認められていない（「認められていない」＋「どちらかというと認められていない」）と感じている割合が26.4％と，その差が縮まり，4分の1以上の回答者が専門性が認められていないと感じているようである．

　そして，第4の事務作業の効率化や省力化の必要性という点に関しては，介護福祉士会調査の「職場において行っている業務内容／専門性が活かされている業務」という質問項目において，「職場において行っている」割合が「専門性が活かされている」割合を最も大きく上回っている回答として，「介護業務日誌やケース記録の記入（職場で行っている：60.4％，専門性が活かされている：35.0％）」が挙げられる．そのことからも，事務作業の効率化や省力化の必要性が窺える結果となっている．

2) 課題の整理

　本項では，前項の内容を踏まえ，介護職の就業継続に関わる課題を整理し，

考察を行う．まず，第1の課題として，給与水準の引き上げの必要性が挙げられる．前述の現況把握調査では，調査時の就業状況（福祉・介護以外の他分野に就業あるいは非就業）や，福祉・介護分野での就業経験の有無に関わらず，資格に見合った給与水準の引き上げを求めている傾向が強く見られ，その改善の必要性の高さが窺える．本章第2節での，介護職の就業継続に関する先行研究においても，賃金・給与の問題に着目したものが見られた．しかし，給与水準の問題に関しては，一部の就業形態では介護職の相対賃金が事業所離職率に与える影響は非弾力的だという指摘もある［花岡 2009b］．また，大和［2010］においても，介護職を対象とした量的分析から，給与に対する主観的な満足感は就業継続意図に影響を与えるものの，実際の給与額は就業継続意図に影響を与えないという結果が示されている．前項における現況把握調査の結果からも分かるように，給与面の問題は，事前に情報が得られることもあり，入職の時点での障壁となる可能性はあるものの，一旦，介護分野の仕事に就いた人にとっては，自身の生活環境等に変化のない限り，就業継続に与える影響は，限定的になる可能性があると考えられる．

　第2の課題として，休暇や休業，子育て支援，労働時間等の働き方に関する点が挙げられる．就業自体していない介護福祉士の中には，出産や育児などのライフイベントのために一時的に職場を離れている層が一定割合存在するのではないかと考えられる．その点に関して，三輪［2015］は，介護福祉士を対象とした調査データにおいて，過去2年以内での福祉・介護分野からの離転職（福祉・介護分野内での転職を含む）状況と，その理由（複数回答）との関係について，理由ごとの離転職状況の構成割合の違いから考察している．それによると，離転職の理由として「結婚，出産・育児」を挙げている人のうち74.1％，「家族等の介護・看護」を挙げている人のうち62.9％が調査時に非就業という状況にあることが示されている．離転職の理由として回答された割合の高かった他の理由と，調査時に非就業となっている回答者の割合を比較すると，「法人・事業所の理念や運営のあり方に不満があった（31.7％）」，「職場の人間関係に問

題があった（33.3%）」，「収入が少なかった（32.1%）」，「専門性や能力を十分に発揮・向上できない職場・仕事だった（28.5%）」，「労働時間・休日・勤務体制があわなかった（34.3%）」というように，結婚や出産・育児，介護等といったライフイベントや家族にともなう問題は，その他の離転職理由よりも非就業につながりやすい傾向が見られるようである［三輪 2015］．

　そのような層に対しては，WLB 支援策など，柔軟な働き方ができる環境を整えることが，出来る限りの就業継続や，より早い職場復帰につながる可能性が考えられる．実際に，まだわずかではあるが，介護職を対象として，WLBへの満足感が離職意図を低下させることが確認されている先行研究も見られる［橋本 2017］．WLB に関しては，堀田［2014］が，入職 1 年目の介護職者を対象とした分析において，子育て支援を中心とした WLB 支援が勤務先の就業継続意図ならびに介護分野の仕事の継続意図に有意な影響を与えていることを確認している．しかし，全国社会福祉協議会［URL 19］によれば，ただでさえ忙しい介護施設においては，「コスト面への不安」や「円滑な業務運営への不安」，「他の職員の理解への不安」といった理由から，WLB 支援策等への抵抗も大きい傾向が見られるようである．そのような状況を踏まえると，介護職場においても実現可能な取り組みや工夫であることが前提になると考えられる．前述の堀田［2014］では，WLB に関する要因が就業継続意図に有意な影響を与えていたが，それは WLB に関する要因について，育児休業等の子育て支援策以外に，同じ職場に仕事と育児を両立する人が多くいること，つまりロールモデルの存在等も指標として取り上げたことによって得られた結果である．WLB に関して，どのような要因が介護サービス分野の職場において有効に働くのかという点について検討することが必要だと考えられる．

　第 3 の社会的評価に関する点は，介護職の専門性と大きな関わりがあると考えられる．第 2 章第 2 節での，介護職の就業継続に関する先行研究のレビューにおいても，役割ストレスに関する要因［佐藤ほか 2003］や，職業に対する誇りが満たされること［小木曽ほか 2010］が，離職意図や他分野への転職意図と

関連しているという結果が見られた.

　介護職は，ヒューマン・サービス（対人援助）分野において専門性を必要とする職種だといえるだろう．田尾 [2013] は，介護職について，ヒューマン・サービス職である以上，専門的知識や技術的訓練が必要であり，プロフェッショナル（専門職）としての要件を充たしていなくてはならないとしている．プロフェッション（プロフェッショナル）と呼ばれる職業の特徴として，田尾 [1995, 1999] は，「専門的な知識や技術」，「自律性」，「仕事へのコミットメント」，「同業者への準拠」，「倫理性」を挙げている．その中でも，「専門的な知識や技術」に関して，田尾 [1995] は，体系的な専門性によるものでなくてはならず，体系的であるからこそ，素人に対して「専門的権威 (professional authority)」を行使することができると述べている．この「専門的権威 (professional authority)」に関して，Greenwood [1957] は，専門職と非専門職の違いが，それぞれが相手とするのが「クライエント (client)」なのか「顧客 (customer)」なのかの違いにつながると指摘している．これらの違いとは，非専門職が相手とする顧客は，サービスやモノを自身の必要性に応じて自由に選択するのに対し，専門職が相手とするクライエントは，専門職側が適切だと判断したことを受け入れるという，関係性の違いを意味している [Greenwood 1957]．その関係性の違いを導くものが，「専門的権威」だと考えられる．一方で，プロフェッションには，階層性があることも論じられており，医師や弁護士に代表される「フルプロフェッション」，看護師やソーシャルワーカーに代表される「セミプロフェッション」，それらの補助的役割を担う「パラプロフェッション」が挙げられる [田尾 1995, 1999]．Etzioni [1969] によれば，「セミプロフェッション」とは，訓練期間や専門知識の特殊性，自律性などに関して，プロフェッション（フルプロフェッション）と比べると，やや制約のある専門職のことを意味している．さらに，「パラプロフェッション」とは，Hall [1975] によれば，プロフェッションによって統制される立場であり，プロフェッションの過重負担の増加にともなって，周辺的業務を補助する役割として活躍するようになった．田尾

［2013］は，介護職の中でもホームヘルパーの仕事に関して，セミプロフェッションとパラプロフェッションの中間に位置するのではないかと述べている．その理由の1つとして，ケアマネジメントによってサービス内容が制約されたり，医師や保健師などの介在が必須となったりするため，プログラム決定の最終的主導権に乏しいことを挙げている［田尾 2013］．これは，前述のプロフェッションの特徴のうちでも，「自律性」と大きく関わるのではないかと考えられる．今後の課題として，介護職がよりプロフェッションとしての要件を充たせるような，職場における自律性の確保などは重要な点である．

　また，この社会的評価ならびに自律性の確保という点に関連して，介護職の中核的役割を担うと考えられる介護福祉士の資格は，国家資格であるが，業務独占資格ではなく名称独占資格であることに注意が必要である．業務独占資格とは，その業務を行うこと自体が有資格者に限定されているのに対し，名称独占資格とは，その業務を行う際に名称を用いることが有資格者に限定されているということに止まる．一方，同じくヒューマン・サービス職である看護師は，業務独占資格である．介護福祉士資格が，業務独占資格ではなく名称独占資格であることが，専門性の確立に限界を持たせていることの一因にもつながっているのではないかと考えられる．しかし，その背景には，介護サービス分野における慢性的な人手不足もあると推測されるため，中核的な役割を担う介護福祉士資格のさらなる専門性の確立には，同時に，量的な人事の確保も必要だと考えられる．そして，職場における自律性の確保という，より高度なプロフェッショナル化の要件に関しては，次に述べる第4の課題とも関連性が高いと考えられる．

　第4の事務作業の効率化や省力化の必要性という点に関しては，厚生労働省の社会保障審議会などにおいても，その必要性が議論の対象となっており，介護の職場における業務の生産性と効率性の向上のために，「ICTを活用したペーパーレス化や業務プロセスの見直し」や「介護ロボット等新しい技術の活用（介護職員の負担軽減）」，「業務の分析・標準化・改善」などが求められると指

摘されている［URL 20］．その中でも特に，事務作業の効率化や省力化に関しては，記録作成・保管等を ICT 化（Information and Communication Technology）することで事務効率を図り，本来の介護業務に専念することや管理業務の時間を半減させることが推奨されている．また，ICT を活用することで，介護の現場ワーカー個人の経験や現場での気づきのデータを収集・分析し，根拠に基づく介護をすることで，介護業務も改善されていくことが期待できるようである［URL 20］．このような ICT 等を活用した介護の周辺業務におけるペーパーレス化を促進することで，事務作業の効率化や省力化が図られ，本来の介護業務に専念することができるようになるのではないかと考えられる．

　さらに，先述の第 3 の課題である社会的評価に関する点と，第 4 の課題である事務作業の効率化や省力化の必要性という点については，既に述べた，それぞれに求められる改善の必要性とともに，能力や専門性に応じた機能分化を実現できるような，介護業界全体での人材の構造転換という，マクロな視点からの政策検討も求められると考えられる．人材の量的な拡大のみでなく，専門性の明確化や質の向上という「高さ」と，多様な人材の参入促進という「すそ野の広さ」を併せ持った人材の構造へと転換していくことで，それぞれの役割の明確化，能力や専門性に応じた機能分化を進めていくことが求められるだろう．本書においては，介護職個人の就業継続に直接的に関わる要因というミクロな視点から，職場レベルにおけるマネジメントへの政策提言を目的とし，これら，第 3，第 4 の課題に関しては，その指摘に止めることとする．

第 4 節　ワーク・ライフ・バランスについて検討すべき理由

　前節で整理した，介護職の就業継続に関わる課題の中でも，本書においては，第 2 に挙げた，働き方に関する問題，特にライフイベントにともなう離職という問題への対応策として，介護職における WLB について検討することとする．その理由として，第 1 に，介護サービス分野の職場では，離職につながるよう

なライフイベントに直面することが多い女性の割合が高いことが挙げられる.介護労働安定センター［URL 11］によると,調査対象となっている介護サービス事業所に勤める労働者のうち女性の割合は,訪問介護員では78.3％,介護職員では66.6％に上る.また,日本介護福祉士会［2015］の調査においても,女性の割合は73.3％と,7割以上に上っている.したがって,介護職場における労働者の定着率向上のためには,女性が働きやすい職場という視点が不可欠だと考えられる.後述のように,WLB 支援は,ファミリー・フレンドリー（仕事と家庭の両立）を包括するものであり,大きな目的の1つだといえる.その点から,介護職における WLB 支援は重要な課題だと考えられる.このような状況は,労働者にとってはどのような結果を招くのであろうか.労働者側の状況を見ると,社会福祉振興・試験センター［URL 21］の調査結果では,分野に関わらず仕事をしていない介護福祉士有資格者のうち,仕事を離れている理由として WLB に関連する「出産・子育て」を挙げている割合は31.6％で,「その他」を除く他の項目の中で最も高く,「家族等の介護・看護」を挙げている割合も15.6％で4番目に高かった.また,同調査において,過去に介護等の分野で働いた経験がありながらも現在は当該分野を離れている介護福祉士有資格者のうち,介護職場を辞めた理由の中で最も大きな理由として「出産・育児と両立できない」を挙げた割合は11.9％で,すべての選択肢の中で最も高かった［URL 21］.これらの結果から,仕事と家庭生活との両立の困難さは,労働者が介護職場から完全に離れてしまう大きな契機となる可能性が考えられる.

　そして第2に,WLB に関して検討することは,働き方の問題である勤務体制の不規則さとも関連性があり,WLB 支援の整備により,介護サービス分野への新たな入職が促進される可能性もあることが挙げられる.特に日本においては,近年,「働き方改革」の推進により,長時間労働の是正や,多様で柔軟な働き方の実現などへの関心が高まっている.今後,さらなる需要の高まりが予想される介護サービス分野においては,その必要性も高いと考えられる.

お わ り に

　本章では，まず第1節において，介護職の介護サービス分野における就業状況に関して，介護サービス分野において中核的役割を担うことが期待される介護福祉士の資格取得者を例に挙げ，その就業率や今後の就業意図の水準が比較的低い傾向にあることを，既存の統計調査から確認した．第2節においては，介護職の就業継続に影響を及ぼす要因に関して，先行研究のレビューから，組織的要因，対人的・集団的要因，個人的要因と多岐にわたって検討されていることが窺えた．そこで，第3節において，介護職を対象とした既存の実態調査から，就業継続にあたって課題となる点を整理した上で，第4節において，働き方に関する問題，特にライフイベントにともなう離職という問題への対応策について検討すべきだということについて述べた．

　そこで，本書では，次章以降，介護職のWLBに焦点をあて，検討を行っていくこととする．WLB支援策のあり方や，日本の介護職におけるWLBの現状を踏まえた，より具体的なリサーチ・クエスチョンを導き出し，その検討および検証を試みる．

第3章
日本の介護職におけるワーク・ライフ・バランス

　本章では，日本の介護職のWLBに関する問題点の整理を目的として，WLBに関する概念整理や先行研究，WLB支援策のあり方と日本における現状，介護職のWLBに関する論点について整理する．その上で，次章において本書の具体的なリサーチ・クエスチョンに関して検討するための示唆を得ることとする．

第1節　ワーク・ライフ・バランスに関する概念整理

　日本では，2007年にワーク・ライフ・バランス推進官民トップ会議において，「仕事と生活の調和（ワーク・ライフ・バランス）憲章（WLB憲章）」および「仕事と生活の調和推進のための行動指針」が策定された．その後，2010年には，施策の進捗や経済情勢の変化などを踏まえ，新たな視点が盛り込まれている．そして，日本におけるWLBという概念の捉え方に関して，内閣府の男女共同参画会議・仕事と生活の調和（ワーク・ライフ・バランス）に関する専門調査会[URL 22]によれば，WLBとは，「老若男女誰もが，仕事，家庭生活，地域生活，個人の自己啓発など，様々な活動について，自ら希望するバランスで展開できる状態」だと定義されている．

　WLBという概念が注目されるようになったのは，1980年代以降の欧米諸国においてであった．特に，アメリカにおいては，1980年代から共働き夫婦が多数を占める社会を前提として，仕事役割と家族役割の両立のための「ファミリー・フレンドリー」な職場の必要性が次第に認識されていくようになった

［山口 2009］．パク［2002］によれば，1980年代後半のアメリカでは，働く母親（ワーキング・マザー）の増加という労働人口構成の変化によって，企業による女性の活用や保育サポートを中心とする制度やプログラムが開発され，「ワーク・ファミリー・バランス」の充実を目的に，導入されるようになった．このような，仕事と家庭の両立支援策に関しては，アメリカが比較的先行して導入されるようになったと考えられる［渡井 2007］．

　一方イギリスでは，1990年代から生産性の向上や女性の活用などを目的に，一部の企業でファミリー・フレンドリー施策が導入され始め，その後，1997年のブレア政権発足以降は，政府によってもファミリー・フレンドリー施策が重要視されるようになった［渡井 2007; 脇坂 2008a］．導入開始時は，アメリカと比較的近い流れであったイギリスの取り組みだが，2000年に官民協働での「ワーク・ライフ・バランス・キャンペーン」が開始され，2003年には，WLB に関する政府の戦略を示した文書が公表されて重要課題と捉えていることが示された［脇坂 2008a］．先述のように，両立支援策（ファミリー・フレンドリー）において先行していたのはアメリカであったが，WLB という概念が広がるようになった契機は，イギリスにあったといわれる［渡井 2007］．

　学術分野においても，WLB 概念に関する課題は，心理学や社会学，経営学など様々な学問領域で研究されてきた［藤本・吉田 1999; 山口 2009］．その中でも，初期の学術的研究から中心的な概念として取り上げられてきたのがワーク・ファミリー・コンフリクト（work-family conflict，以下 WFC）である．1970年代以降の働く母親の増加にともない，仕事と家庭の相互関係に関する研究は，1980年代以降，米国において急増し，仕事と家庭との役割葛藤を表現する言葉として WFC という概念が用いられるようになった［藤本・吉田 1999］．

　しかし，2000年代以降，社会や企業において働く人々の多様性を尊重し，機会の均等をより広く保障するという観点へと発展したことなどから，WLB という言葉が多用されるようになった［山口 2009］．その他の概念として，ワーク・ファミリー・バランス（work-family balance，以下 WFB）という表現も見ら

れるが，これは，WLB の「ライフ（生活）」の部分を「ファミリー（家庭）」と
していることから，より対象を限定した表現だと考えられる．

　本書では，対象を，家庭役割を持つ介護職のみに限定しないこと，それに加
えて，近年広く使われている概念であることから，WLB という表現を使用す
る．そして，次節以降の文献レビューにおいては，WFC や WFB に関する先
行研究も含めてレビューを行う．さらに，本書において問題としている介護職
などの，日本のヒューマン・サービス職を対象とした実証研究についてもレビ
ューに含めている．

第2節　ワーク・ライフ・バランスに関する先行研究

1)　ワーク・ライフ・バランスが他の要因に及ぼす影響

　本項では，WLB に関して検討することの重要性について確認するため，
WLB に関する要因が，他の要因に及ぼす影響についての先行研究のレビュー
を行う．Allen et al. [2000] は，WFC に関する研究のメタ分析から，WFC の
結果として，職務満足・組織コミットメント・離職意図・職務パフォーマンス
などの仕事に関わる変数，生活満足・結婚満足・家庭満足などの仕事以外に関
わる変数，抑うつ傾向・バーンアウトなどのストレスに関わる変数が，有意な
相関関係が認められることを示している．職務満足や生活満足に関しては，
Kossek and Ozeki [1998] もメタ分析によって，WFC との関連が見られるこ
とを指摘している．日本においても，介護職と同じヒューマン・サービス職で
ある看護職を対象とした先行研究として，川村・鈴木 [2014] は，バーンアウ
トへの影響に関して検討しており，WLB に関する経営姿勢や WLB に対する
主観的評価が，バーンアウトを有意に低下させるという結果を示している．

　中でも，WLB に関する要因と，本書において着目している就業継続意図と
の関連について検証されている先行研究として，Good, Sisler and Gentry
[1988] は，WFC を役割葛藤や役割曖昧性とともにストレッサーとなる先行要

因と捉え，離職意図を高めることを確認している．Aryee［1992］は，WFC を，「仕事と配偶者役割との葛藤」「仕事と家事との葛藤」「仕事と親役割との葛藤」の 3 つの側面から捉え，結婚している専門職の女性を対象とした調査結果から，それらの中でも「仕事と親役割との葛藤」が最も離職意図と関連が高いことを明らかにしている．Greenhaus et al.［1997］も，専門職である公認会計士への調査から，仕事と家庭との葛藤であるワーク・ホーム・コンフリクト（WHC）が，ストレス反応を介して，離職意図につながっている可能性を示している．Netemeyer, Boles and McMurrian［1996］でも，小学校や高校の教員を対象とした調査結果において，WFC と離職意図との相関関係が見られる．このように，他の専門職を対象とした実証研究において，WLB に関する要因は，就業継続に関する要因に影響を与える傾向が確認されている．

　日本の先行研究においても，田邊・岡村［2011］は，看護職を対象に，離職意図への影響に関して検討しており，WLB に対する主観的評価が離職意図に有意な影響を示すことが確認された．また，橋本［2017］は介護施設に勤める介護職への量的調査から，先行要因としての WLB 満足感の，職務満足感や離職意図への影響を検討している．それによると，WLB への満足感は，職務満足感を有意に高め，離職意図を有意に低下させるという結果が示されている．

　これらの先行研究の結果から，WLB に関する要因は，本書で着目している就業継続意図（離職意図）をはじめ，職務満足感や，バーンアウト等のストレス反応など様々な要因に影響を及ぼすことが考えられる．介護職場においても，WLB 支援によって，これらの要因に良い影響が見られる可能性があるという認識が広まることが重要だと考えられる．

2）　ワーク・ライフ・バランスに影響を及ぼす要因

　WLB に関連する代表的な先行研究として，Greenhaus and Beutell［1985］は，WFC に着目し，「仕事と家庭双方の領域からの役割プレッシャーの中で，それぞれの尊重を両立することができないという役割間葛藤の状態」であると

定義している．それによると，WFC には主に，「時間に基づく葛藤」，「ストレインに基づく葛藤」，「行動に基づく葛藤」の 3 つの形態があるとともに，それぞれの形態において，仕事領域からのプレッシャーと家庭領域からのプレッシャーという 2 つの方向性があるとされている．この 2 つの方向性のうちでも，本書において着目している仕事領域からのプレッシャーに関して，3 つの形態それぞれの内容を見てみると，「時間に基づく葛藤」としては「労働時間・柔軟性のない仕事スケジュール・シフトワーク」が，「ストレインに基づく葛藤」としては「役割葛藤・役割曖昧性・境界で橋渡しする活動 (boundary-spanning activities)」が，「行動に基づく葛藤」としては「秘密保持や客観性という役割への期待」が挙げられている．

　中でも，仕事領域からのプレッシャーであり，「時間に基づく葛藤」である，労働時間や柔軟性のない仕事スケジュール，シフトワークなどが，WLB に関する要因に与える影響を検証した先行研究として，Judge, Boudreau and Bretz [1994] では，週当たりの労働時間が WFC を有意に高めていることが確認されている．また，Frone, Yardley and Markel [1997] においても，週当たりの労働時間が，WFC と有意に関連している．一方で，Greenhaus, Rabinowitz and Beutell [1989] においては，仕事スケジュールの柔軟性のなさと，仕事関連の出張の頻度という要因が検討されているが，その結果によると，出張頻度に関しては男女ともに WFC への影響は見られず，仕事スケジュールの柔軟性のなさに関してのみ，男性における WFC の「ストレインに基づく葛藤」に有意な影響が見られた．しかしこの結果において，WFC のうちでも「時間に基づく葛藤」に関しては男女ともにどちらの要因も有意な影響が見られなかった．Parasuraman, Purohit and Godshalk [1996] においてもスケジュールの柔軟性のなさが検討されているが，WFC への影響は直接的にも間接的にも見られず，家庭満足感への負の影響が見られるのみであった．Kinnunen and Mauno [1998] は，通常の日勤か異なるシフトかという要因に関して検討しており，男女ともに WFC への有意な影響は見られなかった．これらの結果から，

仕事スケジュールの柔軟性や勤務時間の形態など，「労働時間」以外の時間に
関わる要因に関しては，一部で WFC への影響が見られるものの限定的である
傾向も窺える．

第3節　ワーク・ライフ・バランス支援策

本節では，具体的な WLB 支援策のあり方について確認した上で，日本にお
ける WLB 支援策の現状について，先行研究を基に整理し，介護職の WLB に
関する問題点を検討するための視座とする．

1)　具体的な支援策のあり方

WLB 支援策のあり方としては，国や自治体を中心とする社会福祉的な取り
組みと，企業や組織における経営上のメリットも見越した取り組みとが考えら
れる．前者の社会福祉的な取り組みに関しては主にヨーロッパ諸国において，
後者の組織における経営的な取り組みに関しては主にアメリカやイギリスにお
いて，広く行われてきた傾向がある［西岡 2008］．

ヨーロッパ諸国における社会福祉的な WLB 支援策の例としては，スウェー
デンやノルウェーに見られる，男性に一定期間の育児休業制度を割り当てる
「パパ・クォーター制」や，フランスにおける手厚い経済支援制度，ドイツに
おける WLB 支援策の活用を促すための官民の団体による横断的な地域ネット
ワークの形成など，仕事と家庭における男女平等を背景とした家族政策的な取
り組みが挙げられる［労働政策研究・研修機構 2006; 西岡 2008］．このように，
ヨーロッパ諸国では，国家の重要な政策として家族政策の充実に注力されてい
るようであり，WLB 支援に関しても，仕事と家庭の両立を可能とするファミ
リー・フレンドリー施策がより豊富に展開されている傾向が窺える．

一方，アメリカにおいては，労働者のキャリアへの影響に関する不安や，企
業のコスト負担への懸念などから，制度が十分に機能しない状況に陥っていた

［渡井 2007; 西岡 2008］．さらに，母親以外の労働者からも「仕事と私生活のバランスを取れるようにしてほしい」というニーズが出たことや，1990年代の不況時のリストラの影響による労働者のモチベーション低下への打開策が求められたことなどから，すべての労働者を対象とした，働き方の見直しという視点からのWLB支援策が展開されていった［パク 2002; 渡井 2007］．そのため，アメリカの企業におけるWLB支援策は多様であり，働き方に柔軟性をもたせる「フレックスワーク」や，保育サポート・介護サポートなどの「家庭のためのサポート」，従業員支援プログラムであるEAPやフレキシブルな保険制度や休暇制度などの「健康のためのサポート」等が例として挙げられる［URL 23; 労働政策研究・研修機構 2006; 西岡 2008］．しかし，アメリカのWLB支援は企業主導であるため，福利厚生の一環として企業や労働者に委ねられているのが現状であり，1980年代半ばから1990年代にかけて取り組む企業が増加したとは言え，管理職や専門職といった一部の労働者に限定されていることが多いという指摘もある［黒澤 2012］．

　イギリスにおけるWLB支援は，本章第1節でも述べたように，企業で導入が始められたものの，次第に政府による積極的な介入が行われるようになったという経緯がある．2000年に開始された「ワーク・ライフ・バランス・キャンペーン」では，政府から企業に対してのWLB支援策導入の経営上のメリットの提示や，企業へのWLB支援策導入に対する資金援助のための基金の創設などが行われた［労働政策研究・研修機構 2006; 西岡 2008; 矢島 2012］．イギリスは日本と同様，長時間労働が多く見られる国であり両立支援があまり進まなかったことから，大々的にWLBというパッケージを打ち出したという背景があり，企業や組織に対しても，法整備を行いながら，企業・組織が自主的にWLB支援策に取り組むよう促すことに主眼が置かれている［矢島 2012］．特に企業や組織の役割としては，柔軟な働き方を可能にする環境整備が期待されており，取り組みの例としては，短時間勤務やジョブ・シェアリングなどの労働時間の短縮化や，フレックスタイムや集約勤務などの裁量度を高める制度などが挙げ

られる［URL 23; 矢島 2012］．このように，アメリカやイギリスにおいては，経営上のメリットの視点から，働き方の見直しを中心とした施策が，より豊富に展開されている傾向が窺える．

2）　日本におけるワーク・ライフ・バランス支援策の実態

日本の政策としての WLB 支援策は，仕事と生活の両立支援策にとどまらず，長時間労働是正などの労働時間の適正化や，正規・非正規労働者の均衡処遇など，多様で広い課題を背景にした総合的な政策として展開されている［武石 2012］．定塚［2008］は日本の WLB 推進施策に関して，働き方の見直しに関する幅広い内容であるため，仕事と家庭の両立支援はあくまでもその中に含まれる一部であり，両立支援策のみでなく，すべての労働者の働き方の見直しを進める必要があると言及している．

前項で述べた，他国の取り組みと比較すると，政策に取り組み始めた当初は，ヨーロッパ諸国のような社会福祉的取り組みとアメリカのような経営的な取り組みの中間に位置していたが，徐々に後者の経営的取り組みへと移行してきているという指摘もある［脇坂 2008a］．そのような状況から，矢島［2012］は，先進各国の中で，日本と近い経緯で WLB 支援策への取り組みを進めている国として，イギリスを挙げている．したがって，日本における WLB 支援策を検討する上では，組織における役割として，柔軟な働き方を可能にするような環境整備が期待されると考えられる．

脇坂［2008b］は，WLB とは，家庭のみではなく，自己啓発やボランティア，地域活動，独身の男女，定年前の高齢者などを含む広い概念であり，その例として教育訓練のための休暇や短時間勤務などが挙げられると述べている．そこで，脇坂［2008b］は，WLB を捉える視点として，「①一時点ではなく生涯で考える視点」，「②多様性の視点」，「③（労使双方にとっての）win-win の視点」，「④有能な女性を活用するという視点」の4点があるとしている．中でも，第1の，生涯で考えるという視点に関しては，ライフステージごとに，個人が望

む「仕事」と「私生活」の時間比率は変化するため，どの時点であっても個人の選択の幅を広げることができるのが，WLBの実現だと指摘されている．

このように，日本におけるWLB支援策は，幅広い労働者を対象として，労使双方のメリットにつながるという視点から展開されているようである．しかし，その一方で，運用に関しては現状として，まだ十分に浸透していないという指摘もある．武石［2012］は，企業調査データから，日本企業のWLB支援策の実施状況や働き方の特徴に関して，他国（イギリス，ドイツ，オランダ，スウェーデン）と比較した上で，次の3点を指摘している．1点目は，WLB支援の重要性を認識しながらも取り組みが十分とはいえない状況である点，2点目は，制度導入にともなう運用面での煩雑さへの懸念という背景の下，フレックスタイムや在宅勤務制度の導入率が低いという点，そして3点目は，長時間労働に加え働き方が画一的であり，フレックスタイム制などが働き方の柔軟性に効果的に機能していない可能性がある点である［武石 2012］．この指摘によると，日本ではまだ，制度導入への抵抗感があることや，導入しても十分には機能していない可能性が窺える．

職場において求められるWLB支援のあり方に関して，佐藤［2008; 2011］ならびに佐藤・武石［2010］は，3つの取り組みが重要だとしている．第1に，「仕事管理や時間管理などの人材マネジメントと働き方の改革」である．「ワーク」だけでなく，「ライフ」をも充実させようとする従業員には，仕事に投入できる時間に制約がある．したがってWLB支援を行うためには，そのような従業員の「時間制約」を前提とした人材マネジメントや働き方の改革や工夫が求められるということである．第2に，「WLBに関わる制度を導入するだけでなく，その制度が活用できる人材マネジメントを日頃から行うこと」である．法定水準を上回るようなWLB支援制度（育児休業制度や短時間勤務制度など）が導入されていても，実際にはそれらの制度が利用しにくい職場が少なくない．そのような状況を防ぐためにも，WLB支援制度が活用できるようにする日常的な取り組みが必要となるということである．そして第3に，「多様な価値観

やライフスタイルを受容できる職場風土とすること」である．これは決して，「ワーク」に全力を注ぐ従業員を否定するということではなく，そのような従業員だけでなく「ワーク」と「ライフ」の両方を充実させようとする従業員も含めた多様な価値観の人々を受け入れ，それらの従業員が仕事に意欲的に取り組めるようにマネジメントすることが求められるということである．

　さらに佐藤は，WLB 支援を実現するためには，上記の 3 つの取り組みが必要条件だとした上で，それらを建物に例えた指摘をしている．その指摘によると，第 1 の取り組みである「仕事管理や時間管理などの人材マネジメントと働き方の改革」は建物の 1 階部分にあたり，第 2 の取り組みである「WLB に関わる制度を導入するだけでなく，その制度が活用できる人材マネジメントを日頃から行うこと」は 2 階部分，第 3 の取り組みである「多様な価値観やライフスタイルを受容できる職場風土とすること」は 1 階の下にある土台部分にあたるとされている［佐藤 2011］．佐藤［2011］によれば，日本企業における WLB 支援の現状として，3 つの取り組みのうちでも 2 階部分しかできていない企業や，制度は導入したもののそれが活用しにくい企業も少なくないとも指摘されている．

　この指摘から得られる示唆として，組織における WLB 支援に関して検討するためのキーワードとして，「WLB 支援制度」，「働き方」，「WLB に関する職場風土」の 3 つが挙げられるという点がある．これらは WLB 支援のための 3 つの取り組みの対象を，それぞれ端的に表すキーワードである．「WLB 支援制度」への取り組みに関しては，3 つの取り組みを建物に例えた場合に 2 階部分にあたるとされているが，WLB 支援について検討する上では必要不可欠な点だと考えられる．「働き方」は，WLB 支援のための 3 つの取り組みのうち第 1 の取り組みとして指摘されている「仕事管理や時間管理などの人材マネジメントと働き方の改革」から考えられるキーワードで，WLB 支援をスムーズに実現させるためには，そもそもの働き方に関して，労働者の「時間制約」が意識された働き方がなされているかどうかが重要となる．そして「WLB に関

する職場風土」は，3つの取り組みを建物に例えた場合，土台となるであろう
職場風土作りの対象を表すキーワードである．

　佐藤 [2011] が指摘する WLB 支援のための3つの「取り組み」は，言い換
えれば，上述の「WLB 支援制度」，「働き方」，「WLB に関する職場風土」と
いうキーワードそれぞれに対する，組織における「マネジメントの工夫」であ
ると考えられる．それでは，「WLB 支援制度」，「働き方」，「WLB に関する職
場風土」そのものに関して，介護の職場における「現状」は，どのような状況
にあるのだろうか．そこで，次節においては，本書で着目している介護職を取
りまく現状としては，「WLB 支援制度」，「働き方」，「WLB に関する職場風
土」の3つのキーワードに関して，どのような状況にあるのか検討する．

第4節　介護職のワーク・ライフ・バランスに関する論点

　本節では，「WLB 支援制度」，「働き方」，「WLB に関する職場風土」という
3つのキーワードから，介護の職場ではどのような状況にあるか整理し，介護
職の WLB に関して検討するための論点について考察する．なお，本節で検討
する介護の職場における「現状」とは，厳密に言うと，前節で述べた佐藤
[2011] などが指摘する，WLB 支援のための「取り組み」に関することではな
く，あくまでも「WLB 支援制度」，「働き方」，「WLB に関する職場風土」そ
のものに関して，どのような状況にあるかということである．なお，「『WLB
支援制度』への取り組み」とは，ここでは，制度の導入に止まらず，それを活
用できるマネジメントまで行うことを指すこととする．

1）ワーク・ライフ・バランス支援制度

　まず，WLB 充実のために欠かせないのが，WLB 支援制度である．介護労
働安定センター [URL 7, URL 8, URL 9, URL 10, URL 11] によると，介護サービ
ス事業所において早期離職防止や定着促進のための方策として，「子育て支援

（子ども預かり所，保育費用支援等）を行っている」と回答した割合は，2019（令和元）年度調査では7.8％，2020（令和2）年度調査では8.6％，2021（令和3）年度調査では9.2％，2022（令和4）年度調査では8.6％，2023（令和5）年度調査では7.9％と，1割に満たない水準で推移している．また，同調査結果では，早期離職防止や定着促進に最も効果のあった方策という項目に関しても公開されており，それに対して「子育て支援」を挙げている割合は，1.1％（2019年度），0.8％（2020年度），1.1％（2021年度），0.6％（2022年度），3.3％（2023年度）と，いずれもわずかな水準にとどまっている［URL 7，URL 8，URL 9，URL 10，URL 11］．武石［2008］は，保育所や子育てのための経済的支援のことを「現物給付といえる施策」と表現しているが，上述の調査結果から，そのような子育て支援に取り組んでいる事業所の割合が決して高くはなく，そもそも取り組んでいる事業所が少ないことから，積極的な子育て支援を早期離職防止や定着促進のための方策として最も効果があったと感じている事業所の割合も，現状では高くないことが窺える．

　他には，厚生労働省［URL 24］の調査結果によると，2021（令和3）年度の「子育てとの両立を目指す者のための育児休業制度等の充実，事業所内保育施設の整備」を実施している介護サービス事業所の割合は，62.1％である．一方，厚生労働省の「令和3年度雇用均等基本調査」によると，産業全体において育児休業制度の規定がある事業所の割合は，5人以上の規模の事業所で79.6％，30人以上の規模の事業所に限定すると95.0％に上る［URL 25］．これらの結果から，介護職場では育児休業制度に関しても，産業全体との比較から考えると，決して高い水準にはない現状が窺える．

　松原［2008］は，WLB支援制度を導入している一般企業に関して，WLB支援制度の導入状況や運用状況と，企業の他の特性との関連について検討しており，その結果から，WLB支援制度を多数導入している企業ほど従業員の女性比率が高い割合が増える傾向があることや，WLB支援制度の利用が多い企業の特性として，女性の活躍支援が盛んである傾向が挙げられることなどを指摘

している．この指摘から，一般企業においては，女性の比率が高く，女性の活躍が期待される企業ほど，WLB 支援制度の導入率も利用率も高くなる傾向が窺える．しかし，第2章第4節でも述べた通り，介護サービス分野では女性の従業員の割合が高いにも関わらず，WLB 支援制度の導入が進んでいない．このことからも，介護サービス分野における WLB 支援制度に関する水準が高くない現状が窺える．

　WLB 支援制度の導入は，労働者個人や組織に様々な効果をもたらすことが，先行研究から明らかにされている．全般的な WLB 支援制度の効果を検証している先行研究として，Perry-Smith and Blum［2000］は，調査対象の組織をWLB 支援制度（事業所内保育所，保育費用の援助，介護支援，保育コミュニティに関する情報提供，育児休業（有給），育児休業（無給），再雇用ありの産休，柔軟なスケジュール）の導入状況に関して，すべてにおいて高水準な群から部分的に導入，すべてにおいて低水準などの4つの群に分類し，組織の業績などとの関連を検討している．その結果，より広範囲の WLB 支援制度を導入している組織の方が業績が高いことが示されている．また，Konrad and Mangel［2000］も，事業所内保育所や子の看護休暇，育児休業，フレックスタイム，ジョブ・シェアリングなど19の WLB 支援制度を対象とし，導入している制度の範囲（数）によって従業員1人あたりの生産性にどのような影響があるかを検討しており，専門職の比率が高い組織ほど，また女性従業員の比率が高い組織ほど，WLB 支援制度の導入範囲と生産性に関連が見られることを示唆している．

　その他に，特定の WLB 支援制度の効果に関する先行研究も見られる．Dalton and Mesch［1990］は，柔軟な勤務スケジュールに関する支援制度に着目し，欠勤率への影響が見られることを確認している．Batt and Valcour［2003］も，家庭のための有給休暇やフレックスタイム，在宅勤務などの勤務時間や勤務場所の柔軟性に関する支援制度の影響を検討しており，離職意図への影響が見られることを示している．勤務時間や勤務場所の柔軟性に関する支援制度については，Eaton［2003］でも検討されており，フレックスタイムや短時間勤務，在

宅勤務を含む勤務場所の柔軟性，ジョブ・シェアリングなどの支援制度に対して「利用できる」と認識することが，組織コミットメントに影響を与えるという結果が示唆されている．このように，WLB 支援制度の導入や，それらが利用できるという認知は，労働者個人や組織に様々な効果を与えることが予想される．

　介護の職場では，慢性的な人材不足や短期的なコスト面への不安から，積極的な制度導入への抵抗感があるのではないかと推測されるが，「長期的な視点から考えれば，WLB 支援を行うことで人材の就業継続を促進することが有益である」という認識が広がれば，支援制度の導入状況も改善されるのではないだろうか．そのためにも，介護分野において WLB 支援制度を実際に導入し，効果的に運用している事例の検討などを通して，WLB 支援制度導入への動機づけを高めることが必要であると考えられる．

2）働き方

　次に，「働き方」に関して，介護職の置かれている状況について検討する．「働き方」に関する，介護職場の特徴的な点として，勤務体制のあり方が挙げられる．特に，施設に勤務する介護職に関しては，シフトによる勤務や深夜勤務などがあり，個人の私生活に影響を及ぼしている可能性が考えられる．介護労働安定センター［URL 26］の調査によると，深夜勤務があると回答した労働者の割合は，「施設系（入所型）」では62.6％，「居住系」では67.8％と，一部の介護保険サービス系型において6割を超えている．

　深夜勤務に関しては，勤務者数が少なくなると同時に看護職も少なくなるため仕事内容が増え，特に急病人などが出た場合には熟練の介護職であっても心身の負担が大きくなるという指摘もある［北川 2001］．実際に，介護労働安定センター［URL 26］の調査では，「夜間や深夜時間帯に何か起きるのではないかと不安がある」と回答している労働者の割合は，「施設系（入所型）」で32.0％，「居住系」で35.1％と，ともに3割を超えている．また，同調査にお

いて，深夜勤務をしている労働者のうち，深夜勤務中に仮眠や休憩が取れないと回答している割合は「施設系（入所型）」では25.7%，さらに「居住系」では39.8%に上る [URL 26]．このように，深夜勤務は労働者の心身に大きな負担を与えていることが推測され，その負担が私生活にも影響を及ぼす可能性は否定できない．

また，厚生労働省 [URL 17] の調査結果によると，福祉・介護分野での就業経験がない介護福祉士有資格者のうち，就業先として当該分野を検討しなかった理由として，「夜勤や休日勤務など不規則だった」と回答している割合は，他分野で就業中の労働者で21.7%，非就業者で24.3%と，ともに「給与の低さ」と「その他」に次いで高かった．このことから，不規則な勤務体制が，介護分野への労働者の入職を妨げている可能性もある．

本章第2節第2項においても述べたように，勤務体制に関する要因については，WFCの代表的研究であるGreenhaus and Beutell [1985] において，「柔軟性のない仕事スケジュール」や「シフトワーク」などが，WFCに影響を及ぼす要因として挙げられている．また，同項において既述のように，職種や業種に限らない一般的な先行研究に関して，一部では労働時間や勤務スケジュールに関する柔軟性，シフトワークなどがWFCを高めることが確認されているが [Judge, Boudreau and Bretz 1994; Frone, Yardley and Markel 1997]，仕事スケジュールの柔軟性や，シフトワークなどの勤務時間の形態のWFCへの影響が，部分的であったり見られなかったりする研究もあり [Greenhaus, Rabinowitz and Beutell 1989; Parasuraman, Purohit and Godshalk 1996; Kinnunen and Mauno 1998]，その影響は限定的である傾向が窺えた．

しかし，介護職と同じヒューマン・サービス職である看護職に関する先行研究として，本間・中川 [2002] は，看護職の女性とそれ以外の職種で働く女性（一般女性）を対象とした量的調査から，WFCの葛藤得点に関して，一般女性は年齢（20代・30代・40代）による有意差が見られなかったのに対し，看護職は30代で最も高く，他のどの年代とも有意差が見られたことと，WFCに影響を

与えている要因の種類が，両職種で異なる結果になったことが示されている．
一般女性は義母や義父との同居などとの関連が大きいのに対し，看護職では幼
い子どもに関する要因ともに，夜勤との関連が見られたのである．この結果か
ら，深夜勤務をともなう変則的な勤務体制である看護職においては，幼い子ど
もを抱える可能性が高い30代において，WFC が，より強く現れる可能性が示
唆されたのではないだろうか．

　そして，介護職の働き方に関しては，上述の不規則な勤務体制の他にも，有
給休暇の取得に関して特徴的な点があると考えられる．上述のように，特に施
設系に勤務する介護職においては，シフト勤務が一般的であるため，順番での
有給休暇取得が求められ事前の調整が必要となるので，有給休暇取得への自由
度が低くなる傾向があることが推測される．第2章第3節第1項でも指摘した
ように，介護職を対象とした既存の統計調査からも，有給休暇が取りにくい職
場環境が問題となっている傾向が窺える．

　さらに，介護職が置かれている現状として，慢性的な人手不足であることが，
これらの働き方に関する要因（不規則な勤務体制，有給休暇取得の自由度の低さ）の
負の側面を助長していることが予測される．そして，そのような介護職におけ
る働き方に関する要因の負の側面が大きくなれば，それがまた人手不足を助長
するというような悪循環につながっているのではないかと考えられる．

3）　ワーク・ライフ・バランスに関する職場風土

　最後に，「WLB に関する職場風土」に関する介護の職場の状況について整
理する．介護の職場では，WLB に関してどのような職場風土が醸成されると
考えられるだろうか．全国社会福祉協議会［URL 19］によると，介護職場にお
いては，他の職員の理解への不安が抵抗要因の1つとなり，WLB 支援の取り
組みへの不安や懸念が大きくなっている可能性が指摘されている．前項でも述
べたように，介護の職場の特徴の1つとして不規則な勤務体制が挙げられ，特
に深夜勤務に関しては労働者への負担が大きいことも推測される．しかし，入

所型や居住型の介護施設においては，そのような勤務体制は避けることができず，誰かが常に勤務しているというシフトでの勤務が前提となる．そのような前提から，介護職場においては，家庭役割をもつ労働者への十分な両立支援を実現しようとすれば，周囲の労働者からの不公平感が，一般企業のような職場よりも強く募ってしまう可能性もあるのではないかと考えられる．

　同じヒューマン・サービス職である看護職に関する先行研究として，藤本・小谷・鈴木［2008］では，量的データから，子育てに関する職場の理解が，個人の WFC を有意に低下させることが確認されている．そこで，介護の職場においても，WLB に関する周囲の理解という，支援的な職場風土が，個人の心理的要因に何らかの影響を及ぼすのではないかと推測される．

　さらに，WLB に支援的な職場風土に関しては，それがどのように醸成されるのかについても検討することが求められるだろう．佐藤［2008, 2011］や佐藤・武石［2010］の指摘のように，日本の一般企業に関しては，この「土台部分」となる職場風土が十分に醸成されていないために，制度を導入しても活用しにくくなっている企業も少なくない傾向が窺える．しかし，介護の職場に関しては，厚生労働省［URL 4］によれば，人材確保の 1 つの視点として，他分野で活躍する人材や高齢者等の「多様な人材の参入・参画の促進」が期待されており，様々な背景や価値観を持つ人々が働いていることが推測される．そのことから，介護職場では，制度の導入段階では抵抗感がありながらも，実際に導入してみれば，効果的に活用できる素地を持っている可能性もあるのではないかと考えられる．

　WLB に関する職場風土の醸成に関連する内容について，一般的な先行研究においては，上司にあたる管理者の役割が重要であることが指摘されている．藤本・新城［2007］は，職務や職場の特性の中でも，上司の部下に対する WLB への理解や支援が，両立支援制度に対する周囲の不公平感を有意に低下させることを示している．また，細見［2017］は，上司との良好な関係性や適切なマネジメントが，周囲の労働者の WLB 支援制度利用に関する寛容度を高めるこ

とを確認している．このように，WLB に支援的な職場風土につながる，周囲の理解や不公平感に関しては，上司にあたるマネジャーの理解や支援，マネジメントが，何らかの影響を及ぼす可能性が推測される．

　部下の WLB への満足感が高く，仕事の効率性も高い職場において，上司が果たしている機能に関して，松原 [2011] は，上司が部下の業務遂行への支援的マネジメントを行っているだけでなく，上司自身がメリハリをつけて仕事にあたり，所定時間内に業務を終えることを推奨しているという分析結果を示している．また，そのような職場では，特定の部下に業務量が偏らないよう，その職場の労働者で業務を代替し合えるような体制が構築されていることや，仕事のノウハウの共有や伝授，上司と部下の円滑なコミュニケーションが見られることも指摘されている [松原 2011]．このように，WLB 支援に関する周囲の労働者の理解を高めるためには，WLB 支援がスムーズに行われるための組織の体制やルールを基盤とした上での，上司による適切なマネジメントが必要だと考えられる．

　先述のように，介護の職場に関しては，多様な背景や価値観を持つ人々が働いていることが推測される．そのような職場の特性は，多様なライフスタイルを受容する「ライフスタイル・フレンドリーな職場」になるための素地を有している可能性がある一方で，多様な人々をまとめあげるためのマネジメントの難しさもあるのではないかと考えられる．

　介護サービス事業所において WLB 支援制度の導入が十分には進んでいないことは，本節第 1 項において既に述べた通りである．しかし，本項において述べているように，介護の職場に，多様なライフスタイルを受容するような WLB に支援的な職場風土を醸成する素地があるのであれば，実際に WLB 支援制度を導入し，効果的に運用・活用している介護サービス事業所では，そのような WLB に支援的な職場風土が醸成され，それによって効果的な制度運用が実現しているのではないかと考えられる．また，本項において整理した，マネジメントの重要性に関する先行研究の指摘から，そのような介護サービス事

業所では，適切なマネジメントが行われているのではないかと推測できる．そこで，WLB 支援制度を効果的に運用・活用している介護サービス事業所の事例から検討することにより，介護の職場における効果的な WLB 支援のあり方に関して示唆を得ることができるのではないかと考える．

お わ り に

　本章では，まず第 1 節において WLB に関する概念整理を行った上で，本書では対象を，家庭役割を持つ人のみに限定しないことから，「仕事と私生活とのバランス」という意味で WLB という表現を使用することを確認した．第 2 節においては，WLB に関する先行研究のレビューから，WLB が就業継続意図や職務満足感，ストレス反応などの要因に影響を与えることや，労働時間やシフトワークなどが WFC に与える影響に関して確認した．特に，WLB が充実することで個人の就業継続意図が高まるという傾向は，本書に対する重要な示唆である．

　第 3 節では，具体的な WLB 支援策のあり方を概観した上で，日本の組織における WLB の現状を把握するためのキーワードとして，「WLB 支援制度」，「働き方」，「WLB に関する職場風土」が挙げられるという示唆を得た．それを踏まえ，第 4 節において，介護職の WLB を取りまく現状として，「WLB 支援制度」に関しては導入が進んでいない点，「働き方」に関しては，慢性的な人手不足から，不規則な勤務体制や有給休暇の取得に関する自由度の低さが WLB にとって負の側面となる可能性がある点が考えられた．一方，「WLB に関する職場風土」に関しては，働く人の多様性から様々な WLB のあり方に対して受容的な職場風土が醸成される素地を持つ可能性があるとともに，その醸成には，適切なマネジメントの必要性が高いことも先行研究から窺えた．

第4章
リサーチ・クエスチョンの検討

　本章では，前章の内容を基に，本書における論点に関して検討する．その内容を踏まえ，介護職の WLB 支援に関して検討する上で重要な要因だと考えられる職場風土（組織風土）に関して，概念的整理を行う．さらに，WLB に関わる要因（WLB 支援制度，働き方，WLB に関する職場風土）に影響を与えると考えられるマネジメントのあり方に関して，先行研究を整理し，リサーチ・クエスチョンの検討をするための示唆を得る．その上で，本書におけるリサーチ・クエスチョンに関して整理する．

第1節　介護の職場でのワーク・ライフ・バランス支援の難しさ

　前章では，佐藤［2011］などの指摘を基に，「WLB 支援制度」,「働き方」,「WLB に関する職場風土」という3つのキーワードから，介護職の置かれている現状に関して検討した．その結果,「WLB 支援制度」に関しては，その導入率が一般企業と比較して低い水準にあり,「働き方」に関しても，深夜勤務やシフト勤務などの不規則な勤務体制を前提とする必要性があることが窺えた．その一方で,「WLB に関する職場風土」に関しては，他分野で活躍していた人材や高齢者など，多様な背景や価値観を持つ人々が働いていることが推測されることから，介護の職場では，制度の導入段階では抵抗感がありながらも，実際に導入してみれば，効果的に活用できるような職場風土となる素地を持っている可能性があるのではないかと考えられる．

　それでは，なぜ，介護の職場においては，WLB に支援的な職場風土を醸成

するような素地があると推測されるにも関わらず，WLB支援体制の整備が十分に進まないのであろうか．それに関しては，いくつかの理由があると考えられる．

　その理由としてまず，第1に，介護サービス分野における慢性的な人手不足が考えられる．前章における，介護職の働き方に関しての論点でも触れたように，介護職の働き方は，シフト勤務や深夜勤務などの「不規則な勤務体制」や「有給休暇取得への自由度の低さ」という特徴がある．これらの特徴的な働き方に関しては，量的な人材の確保が成されていれば，上手にローテーションを組むことができるが，慢性的な人手不足という状況の中では，スムーズなローテーションを組むことが困難になる．

　第2に，介護サービス分野の労働者における，パート勤務の割合の多さがあると考えられる．介護労働安定センターの「介護労働実態調査（事業所における介護労働実態調査)」によると，就業形態（正規あるいは非正規）の割合と，正規・非正規それぞれの1カ月の平均実労働時間数に関して，両方とも結果が公開されている2015（平成27）年度調査において，介護サービス従事者に限定した就業形態の割合が「正規：非正規＝53.7％：45.7％（不明0.7％)」と半数弱が非正規であり，労働者全体の1カ月の平均実労働時間数が「正規：非正規＝158.8時間：87.8時間」と，非正規の場合は実労働時間が正規の場合の約半分となっている［URL 27]．労働時間が長く常勤が多いと考えられる正規の労働者に仕事が集中し，自身の都合のつく範囲の時間で働きたい労働者が非正規雇用に流出することで，正規の労働者にさらに仕事が集中してしまうという悪循環が起こっている可能性がある．

　そして第3に，介護サービス分野には，比較的，従業員規模が小さな事業所が多い点が，その理由として考えられる．介護労働安定センターの「令和5年度介護労働実態調査（事業所における介護労働実態調査)」によると，調査に回答した事業所（n=8990）のうち，各事業所で介護サービスに従事している従業員数が19人以下の事業所の割合は全体の67.9％と6割以上に上り，9人以下の事業

所に限定しても，その割合は全体の35.9％と，3割以上を占める［URL 11］．現場ワーカーが多ければ多いほど，WLB支援制度の利用者が出た場合でも代替で業務を行うことが容易となるため，支援制度の利用が促進されると考えられる．その点においても，介護サービス分野の事業所においては，WLB支援体制の整備が十分に進まない理由があるのではないかと推測される．

　以上のような理由から，介護の職場では，WLBに支援的な職場風土を醸成する素地があるにも関わらず，WLB支援が進まないのではないかと考えられる．それでは，介護サービス事業所の中でも，積極的にWLB支援に取り組み，WLB支援制度などを効果的かつスムーズに運用している事業所では，どのような点が異なるのであろうか．

　その点を踏まえ，本書では，WLB支援に先進的に取り組み，効果的に運用している介護サービス事業所においては，WLBに支援的な職場風土が醸成されているのではないかと推測する．そこで，具体的に，「WLBに関する職場風土」の構成要素に関して検討するため，次節において，職場風土（組織風土）に関する概念整理を行うこととする．

第2節　組織風土に関する先行研究

　本節においては，「職場風土（組織風土）」に関して，どのような概念として捉えられてきたのか，概念的あるいは操作的定義について整理する．それを踏まえ，WLBに支援的な職場風土を特徴づける要素とはどのようなものか，検討する．

1）　組織風土に関する概念整理

　James and Jones［1974］は，学術研究における組織風土の捉え方に関して，3つのアプローチで為されてきたことを指摘している．第1に「多元的測定－組織属性アプローチ」，第2に「知覚的測定－組織属性アプローチ」，そして第

3に「知覚的測定－個人属性アプローチ」である.

　第1の「多元的測定－組織属性アプローチ」は,組織風土を,組織の様々な特性を測定することによって定義づけようとするアプローチである.代表的な先行研究として Forehand and Gilmer [1964] が挙げられ,それによると組織風土は,「その組織を表し,①他の組織からその組織を識別させ,②比較的に永続的で,③その組織の人々の行動に影響を与える,特徴の集合」だと定義されている.このアプローチでは,組織風土を主観的にではなく,組織サイズや構造特性などの持続的で客観的な変数によって測定しようと考えられていたのである [田尾 1982].

　その第1のアプローチと対照的な立場にあるのが,第3の「知覚的測定－個人属性アプローチ」であり,主観的かつ個人的な立場から風土を捉えようとするアプローチである.代表的な研究としては Schneider and Hall [1972] などが挙げられる.このアプローチでは,風土を個人的(パーソナル)な概念として捉え,後に述べる,組織に関する要因と個人に関する要因との媒介変数としての位置づけに重きを置いていない [田尾 1982].

　そして,第2の「知覚的測定－組織属性アプローチ」は,前述の2つのアプローチの中間に位置する考え方だと言える.組織風土は,組織の属性に関する概念だと捉えた上で,個人の知覚として測定されるのである.組織風土研究においては,この「知覚的測定－組織属性アプローチ」が主流を占めていたという指摘もある [足立 1982].本書においても,この立場から組織風土を捉え,検討を行うこととする.その理由は,本項において後述するように,この「知覚的測定－組織属性アプローチ」においては,組織風土を,組織的要因と個人的要因との媒介変数と捉える考え方が強いことにある.本書においては,第2章第3節第2項でも述べたように,介護職の就業継続という個人的要因を結果とし,それに影響を与える職場レベルにおけるマネジメントという組織的要因への政策提言を目的としている.そのため,組織風土を,その2つを媒介する変数だと捉えることで,介護職の WLB に関する組織的要因から個人的要因へ

の影響のあり方を，説明することができると考える．以下，このアプローチによる組織風土の概念に関して，先行研究を基に整理する．

　心理的な風土に関する明確な研究のはじまりは，1930年代に Lewin によって行われたといわれる［Litwin and Stringer 1968=1974］．Lewin がその後の組織風土に関する研究に与えた示唆として，物理的な要素から成り立つ環境である物理的世界に対して，心理的な環境の存在を考えたことが挙げられる［桑田・田尾 1998］．Lewin［1951 = 1979］によれば，「心理学的な場」というのは，特定の目標や刺激，欲求，社会的関係といった特定の項目とともに，雰囲気（例えば「友好的」，あるいは「緊張や敵意に満ちている」など）やどの程度の自由さがあるかなどの一般的な特性によって特徴づけられるものであり，心理学的な雰囲気とは，経験的な現実であるとともに科学的に記述することができる事実であると述べられている．

　その後の研究において，Litwin and Stringer［1968=1974］は，組織風土（organizational climate）という概念に関して，Kahn et al.［1964］による組織における役割システムの理論との比較から，以下の5点のように特徴づけている．第1に，組織風土モデルにおいては，組織的影響や環境的影響が拡散していることが想定され，伝統やリーダーシップなどの要因が風土を通じて個人のモチベーションや行動に影響を及ぼすと考えられる．第2に，例えばある特定の価値観や考えに関して，組織の中の誰ひとりとして意識的にその価値観や考えを持っていなくても，その価値観や考えが風土の一部になっているということが，組織風土においては起こり得るという点である．この場合，組織風土が個人に与える影響に関して，それぞれの個人においては意識されていないと考えられ，そのように，組織風土には多くの非合理的な要素が含まれる可能性があることを，Litwin and Stringer［1968=1974］は指摘している．第3に，組織風土は，周期的な変化や，時間経過にともなう衰退，急速な一時的変化などの特性があるという点である．第4に，組織風土の様相を把握するには，大きな視点からデータを収集し，記述・分析することが求められる点，そして第5に，管理す

る立場にあるマネジャーが組織風土に影響を与えようとする場合，物理的・地理的条件や，手続き・慣行，リーダーシップのスタイルなど様々な要因を考慮して働きかけることが求められる点が挙げられる．特に第5のマネジャーに関する点については，言い換えれば，組織風土の変革にアプローチしようとする際，マネジャーはかなり広い範囲にわたる方法を持つことができるのだということを，Litwin and Stringer [1968=1974] は指摘している．

　同様に，組織風土という概念が持つ特性に関して，James et al. [1977] は先行研究から，「主に評価的というよりは記述的である」，「状況理解や認知地図の発展の，心理的過程や抽象化，構造化を含む」，「個人や集団が認知する影響という点に関して，各次元が状況を示すというように多次元的である」，「主に，個人の経験に直接的に結び付けられた状況特性によって決定される」，「状況的要因と個人的態度・行動との間を取り次ぎながら，組織的機能のモデルにおいて媒介的な役割を果たしている」という点が挙げられるとしている．このようなLitwin and Stringer [1968=1974] や James et al. [1977] の指摘から検討すると，組織風土とは，組織的要因と個人的要因とを媒介する役割を担っている点や記述的に表現されうる点，多次元的であったり非合理的な要素が含まれる点などが，その特徴として挙げられるようである．田尾 [1982] は，これらのような先行研究を踏まえ，組織風土の概念的枠組みに関して，組織の環境・構造・制度と，個人の行動や態度との間を媒介する変数であり，組織のメンバーによって把握された主観的な世界の集合として理解されていると述べている．また，組織風土が形成されることに関して，田尾 [1982] は，特定の目標や価値が組織のメンバーに内面化されることによって，それぞれの生活空間が重複しあい，お互いが他のメンバーと，時間や場所を有意義に共有しあっているという認識を持つことができるのだとしている．つまり，組織風土という概念には，何らかの目標や価値という要素が含まれているはずであると考えられる．

　組織風土が，組織的要因と個人的要因とを媒介するという点に関して，Litwin and Stringer [1968=1974] は，組織風土と，組織行動における他の概念と

の関係性を表した統合的なモデルである「組織行動のモチベーションと風土モデル」を提示している．そのモデルにおいて組織風土の概念は，「組織システムの要因（技術，組織構造，社会構造，リーダーシップ，管理者の姿勢と管理手段，意思決定過程，メンバーの要求）」と，個人における「喚起されるモチベーション（達成，親和，権力，攻撃，恐怖）」との間にある1つの媒介変数として用いられるとされている［Litwin and Stringer 1968=1974］．また，Litwin and Stringer［1968=1974］によれば，「組織システムの要因」は，直接的に観察することのできる客観的な特性を持っており，主観的な要素を基礎としているモチベーションの概念と結びつけることが困難であった．組織風土がそれらを媒介することで，両者を統合したモデルを提示することが可能となるのである．

　つまり，Litwin and Stringer［1968=1974］の風土モデルでは，組織システムの特性が組織風土を生み出し，その組織風土が，個人における特定のモチベーションの性向を喚起する．そして喚起されたモチベーションのパターンが，「活動」や「感情」など個人の要因となって現れ，やがて「人材の定着（離職）」などの組織における様々な結果につながっている［Litwin and Stringer 1968=1974］．本書で着目している個人の就業継続意図を個人の要因として現れるものだと捉えると，WLBに関する職場風土が，ワーカー個人の就業継続意図に影響を与えることが予想される．

　また，Litwin and Stringer［1968=1974］は，その風土モデルにおいて，「（組織風土と，個人の活動や感情との間の）相互作用」や「（組織の結果から，組織システムや組織風土への）フィードバック」も重要性を持つことを指摘している．このように，組織風土は，個人のモチベーションを喚起することが予測されており，それが個人の行動や態度につながり，人材の定着という組織の結果へと帰結するのである．

2）　組織風土とモチベーション

Litwin and Stringer［1968=1974］による風土モデルを参考にすると，WLBに

関する職場風土と就業継続意図との間には，組織風土によって喚起されたモチベーションが存在する可能性がある．前項で述べたように，組織風土には，何らかの目標や価値が含まれていると考えられる．つまり，組織風土が醸成されているということは，組織のメンバーが何らかの目標や価値を共有しているということが想定されるため，特定の組織風土によって喚起されるモチベーションの性向は，その組織風土が含んでいる目標や価値を反映したものになるのではないかと推測される．

　組織風土と喚起されるモチベーションの性向との関連について，Litwin and Stringer［1968=1974］は，喚起されるモチベーションの性向の違いによって，効果がある組織風土の内容（下位次元）の種類も異なるという仮説を提唱している．まずここで，組織風土の下位次元に関して整理する．組織風土が多次元的であることは前項で述べた通りであるが，その操作的定義に関して，Litwin and Stringer［1968=1974］は，9つの下位次元的な風土に分類できると指摘している．それによると，提示された組織風土の下位次元は，「構造（structure）」，「責任（responsibility）」，「報賞（reward）」，「危険負担（risk）」，「暖かい雰囲気（warmth）」，「支持性（support）」，「標準（standards）」，「対立（conflict）」，「一体感（identity）」である．さらに，これらの組織風土の下位次元は，特に1つの仕事あるいは仕事群をめぐって機能する組織の場合に適切なものであるということも，あわせて指摘されている．

　それぞれの下位次元について，Litwin and Stringer［1968=1974］による測定尺度に関する説明を基に，整理する．「構造（structure）」とは，従業員が組織における制約に関して抱いている感情のことで，組織における規則や規定，手続きの程度や，命令系統への固執など形式をどれほど重んじるかなどの程度のことである．「責任（responsibility）」とは，従業員個人にどの程度責任が任されているか，従業員自身が責任を持たされていると感じているかに関する程度のことで，仕事についての決定における二重チェックの有無や，自発的に仕事に取り組むことが出世に与える影響の有無などに関して測定される．「報賞（reward)」とは，成績を上げた職務に対して報いられるかどうかという感情のことで，金銭的報酬や昇進に関するシステムの公正さに対しての自覚の程度のことである．「危険負担（risk）」とは，その組織が新たなことに挑戦する際のリスクをどう捉えているかについての意識に関して測定するもので，長期的視点からゆっくりと安全かつ確実に仕事を進めることを良しとするか，業界内での競争における優位性を重視する視点からそのための新たな挑戦にともなう危険（リスク）はある程度背負わなければならないと考えているか，ということが問われる．「暖かい雰囲気（warmth）」とは，仕事集団内の雰囲気の中にいき渡っている，メンバーどうしの仲の良さや仲間関係を築いているという感情のことで，「くつろいだ，のんきな」雰囲気なのか，「お互いに冷淡で，無関心な」雰囲気なのか，などの基準によって，友好的でインフォーマルな交流の程度が測定される．「支持性（support）」とは，マネジャーや同僚など職場の他のメンバーから，どの程度サポートがあるかの自覚のことであり，マネジャーが従業員の働き方に対する希望に関して把握しようと努めているか，組織のメンバー同士がお互いに信頼し合っているか，などの内容も含まれる．「標準（standards）」とは，暗黙の目標もしくは明確な目標や，求められる業績の基準に対する重要性への自覚の程度のことであり，個人や職場グループに対してどの程度の生産性が求められているかということへの知覚である．「対立（conflict）」とは，マネジャーや他のメンバーたちが異なる意見を聞きたがっているという雰囲気のことで，個々人の対立や意見の不一致を健全と捉え本心を話すことが推奨されているのか，あるいは，そのような対立や意見の不一致を出来るだけ避けスムーズかつ迅速に判断・決定していくことが推奨されているのか，という内容である．そして「一体感（identity）」とは，従業員個人がその組織に帰属していることを誇りにしているか，また職場のチームの一員であるという意識を持っているのか，他のメンバーも組織への忠誠心を持っているのかという，組織への帰属意識による一体感の程度のことである［Litwin and Stringer 1968=1974］．

ここで，本書で対象としている，WLB に支援的な職場風土に関して検討してみる．醸成された職場風土が WLB に支援的であるためには，どのような目標や価値が共有されている必要があるだろうか．さらに，そのためにはどのようなモチベーションが喚起されると良いのだろうか．佐藤・矢島 [2014] は，先述の佐藤 [2008, 2011] および佐藤・武石 [2010] と同様の，WLB 支援のための 3 つの取り組みの必要性という視点において，「お互いさま意識」を持てるかどうかが重要であると指摘している．第 3 章第 3 節第 2 項でも述べたように，日本における WLB 支援策は，働き方の見直しに関する幅広い内容であるため，仕事と家庭の両立支援はあくまでもその中に含まれる一部であり，両立支援策のみでなく，すべての労働者の働き方の見直しを進める必要があると考えられている [定塚 2008]．それにともなって，職場における WLB 支援の対象も，子育て支援に限定されることなく，介護や自己啓発，社会貢献（ボランティア）などへと拡大して捉えられる必要があるとともに，そこで働くワーカー個人どうしが，互いの価値観やライフスタイルを受容した上で，お互いの「ライフ」充実のために，「ワーク」の場において協力し合うことが求められる．したがって，WLB に支援的な職場風土とは，「お互いさま意識」のもと，相互に協力し合うという行為につながるモチベーションを喚起するものになる必要性があると推測される．そして，様々なモチベーション，特に Litwin and Stringer [1968=1974] の風土モデルにおいて取り上げられているような社会的動機づけの中でも，このような内容に近いものとして，「親和動機づけ」が挙げられるのではないかと考えられる．

社会的動機づけに関する代表的研究である Murray [1964=1966] によれば，親和動機づけ（affiliation motivation）は，自分の味方になる人と接近し，喜んで協力したり好意を交換することなどと定義されている．また，Litwin and Stringer [1968=1974] は，親和動機に関して，看護師やカウンセラーなどの「制度化された援助の役割」を仕事とする人において強く見られる傾向を指摘している．親和動機づけの，自分の味方になる人と協力し合うという側面に着

目すると，良好な WLB 支援状況に求められる「お互いさま意識」に近い内容
なのではないかと考えられる．

　先述の Litwin and Stringer［1968=1974］の仮説では，組織風土の9つの下位
次元の中でも，親和動機づけを喚起するものとして，「暖かい雰囲気」，「支持
性」，「報賞」，「一体感」を挙げている．したがって，WLB に支援的な職場風
土の，具体的な内容に関しては，これらのような要素が含まれる可能性がある
と考えられる．

第3節　マネジメントに関する先行研究

　本節では，まず，WLB に関わる要因（WLB 支援制度，働き方，WLB に関する職
場風土）に影響を与えると考えられる「マネジメント」に関して，概念的整理
を行った上で，本書における「マネジメント」の捉え方について検討する．そ
れを踏まえて，WLB に関する要因に与える影響に関する先行研究をレビュー
することで，後に述べる本書の具体的なリサーチ・クエスチョンの検討におけ
る，考察のための示唆を得ることとする．

1）　マネジメントに関する概念整理

　本項では，「マネジメント」というものが，主に経営学分野あるいは産業・
組織心理学分野において概念的にどのように捉えられ，実際の役割に関してど
のように分類されうるのかという点に関して整理する．その内容から，本書に
おいて「マネジメント」の内容について分析する際の枠組みに関する示唆を得
ることとする．

（1）マネジメントの基本的機能

　Stoner and Freeman［1992］によると，マネジメントの基本的な機能として，
「計画（planning）」，「組織化（organizing）」，「リーディング（leading）」，「統制

（controlling）」の4つが挙げられる．「計画（planning）」とは，マネジメントする側が組織の目標や，方法・計画・論理に基づいた活動に関してあらかじめ考えることである．「組織化（organizing）」とは，組織のメンバーが組織の目標を効率的に達成できるように，組織メンバーに仕事や権限，様々な資源を配分することである．「リーディング（leading）」とは，組織メンバーの行動を，組織の目標につながる方向へと導くような機能のことで，動機づけなどに関わる内容が含まれる．そして「統制（controlling）」とは，業績の標準の設定や，業績の測定，逸脱への対応など，組織メンバーの活動が組織の目標に確実に向かうように行う機能のことである［Stoner and Freeman 1992］．

　伊丹・加護野［2003］は，マネジメントとは，経営における3つの働きかけだと定義している．それによれば，3つの働きかけとは，「①戦略による働きかけ」，「②経営システムによる働きかけ」，「③理念と人による働きかけ」である．この中でも，「①戦略による働きかけ」とは，組織にとって「外向き」の働きかけのことで，組織が置かれた環境の中で自らの位置づけを決めていくための手段にあたる．それに対して，あとの2つは組織にとって「内向き」の働きかけにあたり，「②経営システムによる働きかけ」は，組織構造やインセンティブに関わるシステム，計画とコントロールのシステムなど，人々の仕事の実際の仕組みをどのように設計するかという内容であり，「③理念と人による働きかけ」は，組織の目指す方向性である理念やそれを反映した組織文化に関する働きかけと，リーダーシップや部下の選別・育成・配置による働きかけを意味するものである［伊丹・加護野 2003］．

　また，伊丹・加護野［2003］は，組織の「マネジメント」という概念に関して，「影響」という概念が，その中心にあると指摘している．これは，「マネジメント」が「直接制御」という意味ではなく，自由な意思を持つ組織メンバーに働きかけることで及ぶ影響によってしか動かすことはできないということである．伊丹・加護野［2003］はまた，マネジメントである「働きかけ」の多くは，組織における行動として現実的に意味のあるものにあたる業務行動などを

委任した側（経営者やマネジャー）から，委任された側の意思決定や心理的エネルギー，さらにはその背景にある個人目的・情報・思考様式・感情へと，組織としての協働がうまくいくような方向へ影響を与えていこうとする試みであると述べている．

伊丹・加護野［2003］のマネジメントという概念の中心的存在が「影響」であるという指摘は，Stoner and Freeman［1992］の指摘するマネジメントの機能の1つとして「リーディング（leading）」が挙げられていたことからもわかるように，重要な示唆であると考えられる．「リーディング（leading）」とは，組織メンバーを「動機づける」ことで，その行動を組織の目標につながる方向へと導くという機能のことであり，言い換えれば，組織メンバーに目的に沿った内容の自発的行動を取るよう影響を与えるということだからである．このように，マネジメントの果たす機能として，組織メンバーに何らかの影響を与えるというものがあり，本書で着目している組織風土（職場風土）は，そのマネジメントと，組織メンバーの意図や行動とを媒介する要因として機能していると考えられる．

（2）Mintzbergによるマネジャー役割の分類

それでは，マネジメントの実行者であるマネジャーに求められる具体的な役割とは，どのように分類されうるのだろうか．Mintzberg［1973＝1993］は，経営現場における観察研究から，実際のマネジャーの役割に関して，大きく3つに分類している．その3つの分類グループとは，「対人関係の役割」，「情報関係の役割」，「意思決定の役割」である．Mintzberg［1973＝1993］が定義する，それぞれのグループに含まれる役割の内容を以下に述べる．

「対人関係の役割」グループには，「フィギュアヘッド」，「リーダー」，「リエゾン」という役割が含まれる．「フィギュアヘッド」とは，マネジャーが公式な権限を持っているが故にその組織の1つの象徴となり遂行すべき業務を担っていることを表す役割であり，文書へのサインなどの法的な責務も含まれる．

「リーダー」とは，組織をリードし，メンバーを動機づけることで，組織がどんな雰囲気で動いていくのかを決定づける役割である．「リエゾン」とは，そのマネジャーがマネジメントする組織の外部にある組織・集団や人々との関係性やネットワークをさばくという役割であり，「ヨコの関係性」の維持において重要な役割である［Mintzberg 1973＝1993］．

「情報関係の役割」グループには，「モニター」，「周知伝達役」，「スポークスマン」という役割が含まれる．「モニター」とは，自身がマネジメントする組織とその環境に何が起こっているのかを捉えるため絶えず情報を探索し，得た情報によって変化や問題あるいは機会に関して察知する役割である．その際，受け取る情報の内容は，「内部業務」，「外部のできごと」，「分析」，「アイディアとトレンド」，「プレッシャー」に分類できる．「周知伝達役」とは，外部の情報を自身の組織に送り込むとともに，内部情報を部下へと伝えていくという役割のことである．「スポークスマン」とは，組織内部の有力者（取締役会や上司など）や組織の外部環境に対して，組織の計画・方針・成果などの情報を伝達する役割である［Mintzberg 1973＝1993］．

そして，「意思決定の役割」グループには，「企業家」，「障害処理者」，「資源配分者」，「交渉者」という役割が含まれる．「企業家」とは，自分の組織における重要なコントロールされた変革の創発者と設計者の両方の機能を果たす役割のことであり，変革とは「改善計画」というかたちであらわれる．「障害処理者」とは，組織において予期しなかった出来事が急に障害を発生させたり，見過ごされていた問題が危機をもたらしたりする場合などに，事態の修正を図ろうとする役割のことである．「資源配分者」とは，組織における戦略の決定にともなう，組織資源の配分システムを監督するという役割であり，具体的には「時間割」と「作業のプログラム化」，「活動認可」という構成要素から成る．「交渉者」とは，自身の組織が他の組織や個人との間で重大で非定型的な交渉などを行う際に，組織の代表を果たす役割のことである［Mintzberg 1973＝1993］．

留意すべきこととして，Mintzberg［1973＝1993］は，これらの分類された役

割に関して，まとまった1つの全体（ゲシュタルト）であるとも指摘している．マネジャーとしての公式な権限と地位を与えられることによって，「対人関係の役割」が生まれ，それによって「情報関係の役割」がもたらされる．そしてそれらによって「意思決定の役割」を果たすことができるのである．

（3）マネジメントレベルとマネジメントスキル

　マネジャー自体の分類に関しては，「ファーストライン・マネジャー（first-line managers）」，「ミドル・マネジャー（middle managers）」，「トップ・マネジャー（top managers）」の3つの階層があると考えられる［Stoner and Freeman 1992］．ファーストライン・マネジャーは，直接的に働く従業員たちを監督する立場にあり，マネジャーを管理することはない．一般に，「職長」や「監督」と呼ばれることが多い立場である．ミドル・マネジャーは，より低い階層にいるマネジャーの活動を監督し，時には働いている従業員への直接的なマネジメントも同様に行う立場にある．ミドル・マネジャーの主要な責任は，組織の政策や戦略を実行するための活動を監督することや，上役からの要請と部下の仕事への許容量とのバランスを図りながら調整することにある．そして，トップ・マネジャーは，組織全体のマネジメントへの責任を持つ立場にある．組織全体の政策や戦略を打ち立てたり，外部環境との相互作用を導いたりすることがその内容にあたる［Stoner and Freeman 1992］．

　マネジャーの階層と，それぞれにおいて求められるスキルとの関係性について，Katz［1974］は，次のように指摘している．まず，成功的なマネジメントにおいて求められる基本的スキルとして，「技術的スキル（technical skill）」，「人間関係スキル（human skill）」，「概念形成スキル（conceptual skill）」の3つが挙げられる．「技術的スキル（technical skill）」とは，ある特定の活動における方法論・プロセス・手続き・技術などに関する，理解や熟達などを意味するものであり，専門知識や専門分野における分析能力，あるいは特定分野における道具や技術を使う腕前なども含まれる．次に，「人間関係スキル（human skill）」と

は，集団・組織のメンバーとして効果的に働き，自らが率いるチームの中で協力して結果を出すために，マネジャーに求められる能力のことであり，前述の技術的スキルが「モノ（プロセスや物理的対象）」に関わる際のスキルであるのに対し，この人間関係スキルは「ヒト」に関わる際のスキルであるとKatzは指摘している．また，この人間関係スキルは，マネジャー本人の行動によって引き起こされる，上司や同僚，部下など周囲の人間個人の知覚や認知という形で証明されることとなる．そして「概念形成スキル（conceptual skill）」とは，組織全体をみることができる能力のことであり，そこには，組織と様々な対象との相互作用などに関する認識能力も含まれる［Katz 1974］．

　それを踏まえてKatz［1974］は，マネジャーのレベル（ファーストライン・マネジャー，ミドル・マネジャー，トップ・マネジャー）によって，必要とされるそれぞれのスキルの割合が異なる可能性を指摘している．それによると，「技術的スキル（technical skill）」は，組織内でのマネジャーとしてのレベルがより低い場合ほど重要になるスキルである．それに対して，「人間関係スキル（human skill）」は，すべてのレベルのマネジャーにとって最も重要なスキルだと考えられる．そして「概念形成スキル（conceptual skill）」は，マネジャーとしての組織内でのレベルが上がるほど重要になっていき，組織の一番トップに立つ場合にのみ，このスキルが他の2つを差し置き最も重要なスキルになる［Katz 1974］．

　ここまで本項において見てきたように，マネジメントに関しては，その役割的機能や，マネジャーの階層（レベル）などによって分類することができると考えられる．本項における示唆は，後に述べる本書のリサーチ・クエスチョンについて検討する際に，参考にすることとする．

2）　ワーク・ライフ・バランスにおけるマネジャーの影響

　マネジメントが組織風土に与える影響に関して，組織風土という概念に関する先行研究からの示唆としては，既述の通り，Litwin and Stringer

［1968=1974］が，組織風土を変革させようとする際に，マネジャーは物理的・地理的条件や，手続き・慣行，リーダーシップのスタイルなど広い範囲にわたる方法でアプローチすることができると指摘している．同様に，マネジメントが組織風土に与える影響に関して，WLB に関する先行研究からの示唆として，WLB 支援において，実際に支援制度が効果的に活用され，ワーカー個人の仕事と生活のバランスを図ることができる施策として機能するためには，職場のマネジメントが重要になることが指摘されている［武石 2011］．その関連の仕方に関しては，マネジャーが組織の風土や文化の「伝え手」として認知されることで，組織風土の醸成を通して WLB 実現に影響を与える可能性があることも言及されている［Aryee et al. 1998; 坂爪 2009］．

　また，WLB に関する先行研究として，Thompson, Beauvais and Lyness［1999］は，WFB（work-family balance）に関する組織文化（work-family culture）と離職意図との関連を示している．それによると，WFB に関する組織文化とは，「組織が，どの程度従業員の仕事と家庭生活との調和を支援・尊重しているかに関する，共有された想定や信念，評価」のことだと定義されており，注目すべきは，その具体的な内容である．Thompson, Beauvais and Lyness［1999］によると，WFB に関する組織文化とは，①管理職が従業員の家庭責任に対してどの程度支援的で敏感かという「管理職サポート（managerial support）」，②両立支援の利用や家庭の理由によって仕事のペースを落とすことがキャリアに及ぼすネガティブな結果に関する程度である「キャリアへの結果（career consequences）」，③従業員が経験している私生活を邪魔するような組織からの時間的要求の程度である「組織的時間要求（organizational time demands）」という 3 つの下位概念から成る．この下位概念の中でも，「管理職サポート」と「キャリアへの結果」に関して，離職意図への有意な影響が確認されている．このように，WLB に支援的な職場風土の醸成に，マネジャーのサポートのあり方が影響を与える可能性が考えられる．

　WLB に支援的な職場風土の醸成につながるようなマネジメントのあり方に

関する示唆を得るため，WLB 支援に効果的なマネジメント内容に関する先行研究について概観する．Staines and Galinsky［1992］は，上司であるマネジャーが自らの組織の育児休業制度に関する知識を十分に持っていない場合や，WLB に対して支援的な態度を持っていない場合に，制度の効果が見られない傾向にあることを示している．Allen［2001］は，主に家庭（家族）を対象とした WLB に関して，支援制度の活用と，WLB に支援的なマネジャーの存在が，「家族支援的な組織であるという認識（family-supportive organization perceptions）」を媒介して，WFC や職務満足，組織コミットメント，離職意図に影響を及ぼすというモデルを想定している．Allen［2001］においては，WLB に支援的なマネジャーの指標として，ワーカーに対して家庭での責任に配慮するような行動を取ってくれたことがあるかどうかなど，情緒的サポートあるいは道具的サポートが問われており，その結果，そのようなマネジャーの存在が，ワーカーの職務満足や組織コミットメント，離職意図に影響を与えることが示されている．

　また，Hammer et al.［2007］は WLB に支援的なマネジャーの行動に関して，ワーカーへの「情緒的サポート」ならびに「道具的サポート」と，自身の「ロールモデルとしての行動」と「ワーカー側と経営側の両方に win-win となる行動計画」という 4 つの次元が必要だと指摘している．このように，マネジャーの WLB 支援制度に関する十分な知識・理解や，ワーカーの WLB に対する情緒的サポートや道具的サポート，あるいは自身が WLB の充実を実践するようなロールモデルとしての行動，ワーカー側とマネジメント側の両方のメリットを考慮した行動などが，部下である現場ワーカーの個人的要因や組織の結果要因に影響を与えることが予想される．

　本項における示唆は，後に述べる，本書のリサーチ・クエスチョンに関して検討する際に，参考にすることとする．特に，Hammer et al.［2007］が指摘する 4 つの次元などは，ワーカー層との直接的な関わりの中で影響を及ぼすと考えられる，マネジャー個人のマネジメントにおいて，その内容を検討するため

の参考となることが予想される．また，分析においては，WLB に支援的な環境にあたるような「WLB 支援制度」，「働き方」，「WLB に関する職場風土」を醸成するマネジメントのあり方に関して，Mintzberg［1973=1993］の指摘を中心とする，マネジャーの役割的機能の分類とともに，本項における WLB 支援に効果的なマネジメント内容に関する示唆も参考とする．

第4節　本書におけるリサーチ・クエスチョン

　前章と本章のここまでの内容から，本書における具体的なリサーチ・クエスチョンに関して整理する．前章の内容から，日本の組織における WLB の現状を把握するためのキーワードとして，「WLB 支援制度」，「働き方」，「WLB に関する職場風土」の3点が挙げられ，介護職の現状としては，「WLB 支援制度」に関しては導入が進んでいない点，「働き方」に関しては，慢性的な人手不足から，不規則な勤務体制や有給休暇の取得に関する自由度の低さが WLB にとって負の側面となる可能性がある点が考えられる一方で，「WLB に関する職場風土」に関しては，働く人の多様性から様々な WLB のあり方に対して受容的な職場風土が醸成される素地を持つ可能性があることが推測された．

　そこで，本書では，WLB 支援に先進的に取り組み，効果的かつスムーズに運用している介護サービス事業所においては，WLB に支援的な職場風土が醸成されているのではないかと想定する．さらに，本章第2節における組織風土に関する先行研究のレビューによる概念整理から，本書では，組織風土（職場風土）を，組織的要因と個人的要因とを媒介する要因（変数）であり，組織のメンバーによって主観的に知覚される組織の属性に関する要因のことだとする立場から捉えることとする．以上を踏まえ，次のように，第1のリサーチ・クエスチョンを提示する．

リサーチ・クエスチョン1　介護の職場における,「WLB支援制度」,
「働き方」,「WLBに関する職場風土」に関しては,それぞれ,どの
ような要素（概念）によって構成されているのか（探索的リサーチ・クエ
スチョン）.

　組織風土（職場風土）という概念に関しては,何らかの目標や価値という要
素がその背景や前提にあると考えられることも,先行研究から指摘された. そ
こで,「WLBに関する職場風土」に関しては,本章第2節における,組織風
土についての概念整理,特に,先行研究であるLitwin and Stringer [1968＝
1974] による,組織風土とモチベーションとの関連についての知見を参考にす
ることとする.

　次に,職場のWLBを考える上で重要なキーワードとなる「WLB支援制度」,
「働き方」,「WLBに関する職場風土」の3点に関して,WLBに支援的な職場
風土が醸成されている介護の職場においては,それぞれが「就業継続意図」と,
どのように関連しているのであろうか.

　第1に,「WLB支援制度」に関しては,第3章第4節第1項において言及
した,WLB支援制度の効果などに関する先行研究の指摘から,WLB支援制
度の導入がワーカーに対して様々なプラスの効果をもたらすことが予想される.
第2に,「働き方」に関しては,第3章第4節第2項で述べたように,先行研
究の指摘から,不規則な勤務体制をともなうヒューマン・サービス職において
は,そのような働き方の負の側面が,育児などと仕事との両立を図るワーカー
にとっては,WFCを高める可能性が考えられる. そして第3に,「WLBに関
する職場風土」に関しては,本章第2節におけるLitwin and Stringer
[1968=1974] を中心とした組織風土に関する先行研究の指摘から,個人のモチ
ベーション喚起やその先の行動につながる可能性が考えられる. そこで,以下
のように,第2のリサーチ・クエスチョンを提示する.

リサーチ・クエスチョン2 「WLB支援制度」，「働き方（負の側面）」，
「WLBに関する職場風土」は，「就業継続意図」と，どのように関連
しているのか（探索的リサーチ・クエスチョン）．

　上述の第2のリサーチ・クエスチョンに関しては，探索的リサーチ・クエス
チョンのもと，質的データ分析によって仮説を生成し，量的データ分析によっ
て，その仮説を検証することとする．
　そして，本章第3節においても述べたように，「WLBに関する職場風土」
の醸成には，マネジメントの影響があるのではないかということが，先行研究
から想定される．また，「WLB支援制度」と「働き方」に関しても，マネジ
メントが与える影響は大きいものと考えられる．そこで，以下のように，第3
のリサーチ・クエスチョンを提示する．

リサーチ・クエスチョン3 WLBに支援的な職場環境（「WLB支援制度」
「働き方」「WLBに関する職場風土」）に影響を与えるマネジメントのあり
方には，どのような特徴があるのか（探索的リサーチ・クエスチョン）．

　上述のリサーチ・クエスチョンに関して，第1のリサーチ・クエスチョンで
ある「WLB支援制度」，「働き方」，「WLBに関する職場風土」のそれぞれに
関する構成概念の生成については，介護サービス事業所の「職場環境」そのも
のに関して分析するものであるのに対し，この第3のリサーチ・クエスチョン
は，介護サービス事業所の「職場環境を形作っているマネジメント」の構成概
念とは何か，という視点から分析するものである．
　以上のようなリサーチ・クエスチョンのもと，次章以降，検討を行う．第1
のリサーチ・クエスチョンに関しては，第5章において，インタビュー調査を
基にした，質的データによる検討を行う．第2のリサーチ・クエスチョンに関
しては，第6章において，質的データの分析による具体的な仮説の生成を行っ
た上で，第7章において，量的データの分析による仮説の検証を行う．そして

第3のリサーチ・クエスチョンに関しては，第8章において，再びインタビュー調査を基にした，質的データによる検討を行う．

　なお本書は，インタビュー調査の対象として，WLB支援に先進的に取り組む介護サービス事業所に焦点を絞っており，第5章，第6章および第8章においては，その分析から，「介護の職場でWLB支援を効果的に行う」という，まだ普遍的ではない事象に関して，対象組織における職場風土の構成要素や，就業継続意図との関連についての仮説の生成，その醸成のために求められるマネジメントの特徴などについて探索的に検討することで，新たな示唆を得ることを目的としている．質的調査法の特徴の1つとして，現行の理論の検証というよりも，抽象物や概念，仮説や理論を作り上げることに適している点が挙げられる［Merriam 1998=2004］．このような理由から，本書では，第5章，第6章および第8章において，インタビュー調査によるデータを用いた質的検討を行う．

第5章

ワーク・ライフ・バランスに関わる要因の構成概念

　本章では，介護職における，WLB に関わる要因である「WLB 支援制度」，「働き方」，「WLB に関する職場風土」のそれぞれにおける，具体的内容である構成概念に関して，WLB 支援に先進的な介護サービス事業所へのインタビュー調査の結果を基に検討する．特に，「WLB に関する職場風土」に関しては，WLB 支援に積極的に取り組み，効果的に運用している介護サービス事業所では，WLB に支援的な職場風土が醸成されているのか，そして，「WLB に関する職場風土」とは具体的にどのような内容なのか，風土を構成する要素に関して，詳細に，質的な分析を行う．

第1節　インタビュー調査の目的

　前章までの内容から，介護職である現場ワーカーの就業継続意図に影響を与える要因として，「WLB 支援制度」，「働き方」，「WLB に関する職場風土」という WLB に関わる要因が挙げられると考えられる．そこで，本章における分析では，「介護の職場における，『WLB 支援制度』，『働き方』，『WLB に関する職場風土』に関しては，それぞれ，どのような要素（概念）によって構成されているのか」という探索的リサーチ・クエスチョンのもと，質的データ分析によって，それぞれの具体的内容（構成概念）に関して検討することを目的とする．本章に関しては，介護の職場における「職場環境」そのものの実態について構成概念の生成を行うという視点から，分析を行う．

　「WLB 支援制度」に関しては，制度の導入状況のことを指しているため，

制度導入の程度が，その具体的内容として導出されることが推測される．また，「働き方」に関しても，第3章第4節第2項で述べたように，介護の職場については，先行研究や既存の統計調査から，不規則な勤務体制や，有給休暇取得に関する問題などが，その内容として導出されるのではないかと，ある程度推測される．一方，「WLBに関する職場風土」に関しては，比較的，曖昧な概念であるため，より詳細な検討が必要だと考えられる．そこで，「WLBに関する職場風土」に関しては，最終的に生成された概念のみでなく，下位概念も詳細に示した上で，検討を行うこととする．

　第4章第1節においても指摘したように，介護の職場におけるWLB支援に関しては，慢性的な人手不足や，介護サービス分野の従事者のパート勤務の多さ，従業員規模の小さな事業所の多さなどから，WLBに支援的な職場風土を醸成する素地があるにも関わらず，WLB支援が進まないのではないかと考えられる．そこで，介護サービス事業所の中でも，積極的にWLB支援に取り組み，WLB支援制度などを効果的かつスムーズに運用している事業所では，WLBに支援的な職場風土が醸成されているのではないかと考え，前述のようなリサーチ・クエスチョンを提示している．さらに，「WLBに関する職場風土」を構成する要素については，組織風土に関する先行研究であるLitwin and Stringer［1968=1974］が指摘する組織風土の9つの下位次元の中でも，親和動機づけを喚起するものとして挙げている，「暖かい雰囲気」，「支持性」，「報賞」，「一体感」などを参考として，考察を行うこととする．

第2節　インタビュー調査の方法

1）　調査対象者

　WLB支援に先進的な介護サービス事業所（法人）のマネジャー層ならびに現場ワーカー13名を対象に，半構造化面接を実施した．調査対象者の概要一覧を表5-1に示す．

表 5 - 1　調査対象者一覧

No.	組織	インタビュー先事業所の主なサービス	性別	立場
A1	社会福祉法人 A	特別養護老人ホーム	男性	事業所長
A2	社会福祉法人 A	特別養護老人ホーム	女性	副事業所長
A3	社会福祉法人 A	特別養護老人ホーム	女性	現場ワーカー（介護職）
B1	社会福祉法人 B	グループホーム	男性	本部人事担当者
B2	社会福祉法人 B	グループホーム	男性	エリア事業所長
B3	社会福祉法人 B	グループホーム	男性	現場マネージャー
B4	社会福祉法人 B	グループホーム	女性	現場ワーカー（介護職）
C1	社会福祉法人 C	特別養護老人ホーム	女性	理事長
C2	社会福祉法人 C	特別養護老人ホーム	男性	総務部担当者
C3	社会福祉法人 C	特別養護老人ホーム	女性	事業所長
C4	社会福祉法人 C	特別養護老人ホーム	女性	現場ワーカー（その他専門職）
D1	株式会社 D	デイサービス，グループホーム	男性	代表取締役
D2	株式会社 D	デイサービス，グループホーム	男性	現場マネージャー

（出所）筆者作成.

　本節第3項にも後述のように，調査協力を得られた介護サービス事業所（法人）のそれぞれにおいて，数名ずつにインタビュー調査を実施している．調査協力が得られた各法人に関して，主なサービス内容およびWLB支援制度の導入状況（ともに調査実施時）の概要を以下に述べる．

　調査対象者 A1，A2，A3が所属する社会福祉法人 A は，第一種社会福祉事業である「介護老人福祉施設（特別養護老人ホーム）」や，第二種社会福祉事業である「短期入所型生活介護（ショートステイ）」，「通所介護（デイサービス）」，「訪問介護（ホームヘルプ）」などのサービスを運営している．WLB支援制度としては，育児休業や育児のための所定労働時間短縮の措置などを導入している．

　調査対象者 B1，B2，B3，B4が所属する社会福祉法人 B は，第一種社会福祉事業である「介護老人福祉施設（特別養護老人ホーム）」や，第二種社会福祉事業である「短期入所型生活介護（ショートステイ）」，「通所介護（デイサービス）」，

「訪問介護（ホームヘルプ）」「認知症対応型共同生活介護（グループホーム）」など
のサービスを運営している．WLB 支援制度としては，育児休業や育児のため
の所定労働時間短縮の措置，子どものための看護休暇（有給），法人内保育所の
運営などを行っている．

　調査対象者C1，C2，C3，C4が所属する社会福祉法人 C は，第一種社会福
祉事業である「介護老人福祉施設（特別養護老人ホーム）」や「軽費老人ホーム
（ケアハウス）」と，第二種社会福祉事業である「短期入所型生活介護（ショート
ステイ）」，「通所介護（デイサービス）」，「訪問介護（ホームヘルプ）」，「認知症対応
型共同生活介護（グループホーム）」などのサービスを運営している．WLB 支援
制度としては，育児休業や育児のための所定労働時間短縮の措置，法人内保育
所の運営，ノー残業デーの実施などを行っている．

　調査対象者D1，D2が所属する株式会社 D は，第二種社会福祉事業である
「通所介護（デイサービス）」や「認知症対応型共同生活介護（グループホーム）」
などのサービスを運営している．WLB 支援制度としては，育児休業や育児の
ための所定労働時間短縮の措置，子どものための看護休暇，時間有給休暇制度，
スタッフの再雇用制度などを導入している．

2）　調査時期

　インタビュー調査は，2017年 6 月から2018年 3 月にかけて実施した．

3）　手続き

　厚生労働大臣による「子育てサポート企業」認定である，「くるみん認定」
等を参考に，WLB 支援に先進的だと考えられる介護サービス事業所（法人）に
対し，メール等にて協力依頼を行った．そのうち，調査協力への同意を得られ
た各事業所において，マネジャー層およびワーカー層に対し，半構造化面接を
実施した．

　本章における分析に関連する主な質問項目は，「①両立（ワーク・ライフ・バラ

ンス）支援制度の種類」,「②両立（ワーク・ライフ・バランス）支援制度の運用状況」,「③両立（ワーク・ライフ・バランス）支援制度・支援体制に対する現場ワーカーからの評価・感想」,「④制度利用者の周囲のワーカーの反応」,「⑤制度利用時あるいは平常時の職場の雰囲気」,「⑥日頃の勤務体制」などである．これらの質問項目を中心に，より詳細な質問などを適宜加えながら，半構造的に面接を実施した．

　実施にあたり，調査対象者の回答などのメモを取るとともに，調査対象者からの同意を得た上で，IC レコーダーにてインタビュー内容の録音を行った．なお，本調査に関しては，同志社大学「人を対象とする研究」に関する倫理審査委員会による承認（申請番号：17072）を得て実施している．

4） 分析方法

　録音したインタビュー内容を文字化した上で，「WLB 支援制度」,「働き方」,「WLB に関する職場風土」に関連すると考えられるデータの切片化を行った．切片化したデータから，Glaser and Strauss のグラウンデッド・セオリー・アプローチにおける「オープン・コーディング」を参考に，下位概念の生成を行った［Glaser and Strauss 1967=1996; 木下 1999］．

　次に，「WLB 支援制度」,「働き方」,「WLB に関する職場風土」のそれぞれを，グラウンデッド・セオリー・アプローチにおける「カテゴリー（概念のグループ）」とし，データのコーディングによって生成された下位概念を，各カテゴリーに分類した．そして，各カテゴリーに分類された下位概念どうしを，類似性や相互の関連性を検討した上で統合，整理し，概念を生成した．

　なお，本章第 3 節「各カテゴリーの構成概念」および本章第 4 節「分析結果の考察」においては，生成された概念の名称を〈概念名〉と示すこととする．同様に，各カテゴリーの名称を《カテゴリー名》のように示す．

第3節 各カテゴリーの構成概念

1） ワーク・ライフ・バランス支援制度

《WLB支援制度》カテゴリーに分類される概念としては，〈制度の豊富さ〉が生成された．生成された概念に関する発言人数，概念の定義と下位概念，発言例を表5-2に示す．概念の内容に関して，生成された下位概念の内容とともに，以下に説明する．

〈制度の豊富さ〉とは，WLB支援制度のハード面と言える，制度の導入状況に関しての豊富さを示す概念である．下位概念として「各種制度」，「法人内保育所」，「病児保育」，「時間単位の休暇」の4つを含んでいる．これらの下位概念は，職場環境としての制度そのものを示すものである．「各種制度」とは，育児休業や，育児等のための所定労働時間短縮の措置，所定外労働や時間外労働の制限，深夜業の制限などの，推奨される一般的なWLB支援制度（両立支援制度）を導入していることを意味する．それだけでなく，「法人内保育所」や「病児保育」といった支援体制や，「時間単位の休暇」制度の導入などが見られた．

2） 働き方

次に，《働き方》カテゴリーに分類される概念として，〈不規則な勤務体制〉，〈残業・交代時の切り替え〉，〈有休取得の自由度の低さ〉の3つが生成された．生成された概念に関する発言人数，概念の定義と下位概念，発言例の一覧を表5-3に示す．それぞれの概念の内容と，生成された下位概念の説明は，以下の通りである．

〈不規則な勤務体制〉は，介護の職場における様々な形での勤務の不規則さを示す概念であり，「24時間体制」，「深夜勤務」，「早出・遅出」，「変則勤務・シフト勤務」の4つの下位概念が含まれる．「24時間体制」とは，24時間365日

第5章　ワーク・ライフ・バランスに関わる要因の構成概念　73

表5-2　《WLB支援制度》カテゴリーの概念

概念	発言人数	概念の定義／下位概念	発言例（対象者No.-コメント番号）
〈制度の豊富さ〉	7	WLB支援制度のハード面である制度の導入状況に関する豊富さ. 各種制度, 法人内保育所, 病児保育, 時間単位の休暇	育児休業（A1-15），短時間勤務（A1-16），深夜労働の制限（A1-17），時間外労働の制限（A1-18），子の看護休暇（A1-19），介護休業（A1-72），「慣らし勤務」（B1-4），託児所（C1-6），病児（保育）（B2-12），有給の時間有休制度（D1-44）

（出所）筆者作成.

表5-3　《働き方》カテゴリーの概念一覧

概念	発言人数	概念の定義／下位概念	発言例（対象者No.-コメント番号）
〈不規則な勤務体制〉	6	介護の職場に見られる様々な勤務体制の不規則さの特徴. 24時間体制, 深夜勤務, 早出・遅出, 変則勤務・シフト勤務	人の生活を支える，24時間の生活を支えるという，自分の日常の生活スタイルを若干崩さないといけないという（A1-89），介護の業界って人員の基準とかもあるので，そこの時間が切れるとそこをまた誰かが入らないといけなかったりとかする（B1-14），グループホームの常勤であったら，夜勤と遅出が必要でなかったらあかん（B2-4），変則勤務ですね．だから他のホワイトカラー，いわゆる事務職のように，決まった時間9時—5時ということではなく（A1-25）
〈残業・交代時の切り替え〉	3	シフト勤務の交代のスムーズさや，それにともなう残業時間の程度. 交代のスムーズさ, 残業の程度, 仕事終わりの切り替え	ある程度，先読みして代わります（A2-10），月平均の時間外労働は1.14時間（A1-63），切り替わって帰ってる（A1-64），時間までに全部終わらせて（A3-47）
〈有休取得の自由度の低さ〉	2	ワーカーの有休取得に関する自由度の低さ. 有給休暇の取りにくさ, 順番での有休取得	介護職はね，やっぱり（有給休暇を）取りにくいんです（C3-28），介護業界，他のところではたぶん取れない，連休が取れないのが普通というか，ていうのがこの業界の当たり前なので（D2-18），（有給休暇を）取れる時に，みんな入れたりします（C3-29）

（出所）筆者作成.

の人の生活を支えるという仕事であり，人員の基準などにより一定のワーカー
が常に勤務していなければならないという勤務体制を示す下位概念である．さ
らに，そのような体制で運営するために，「深夜勤務」や「早出・遅出」，「変
則勤務・シフト勤務」という勤務が求められることとなる．特に，「変則勤
務・シフト勤務」は，自分の都合で勝手に休んだり抜けたりすることが難しく，
個人的な事情で急に職場を離れなければならなくなった場合は，他のワーカー
との勤務時間の調整を行う必要性が出てくるという特徴がある．

　〈残業・交代時の切り替え〉とは，シフト勤務における交代時のスムーズさ
や，それにともなう残業時間の程度のことを指す概念である．下位概念として
は，「交代のスムーズさ」や「残業の程度」，「仕事終わりの切り替え」が含ま
れる．

　〈有休取得の自由度の低さ〉には，「有給休暇の取りにくさ」と「順番での有
休取得」という2つの下位概念が含まれている．「有給休暇の取りにくさ」と
は，介護の職場では前述のように24時間365日の運営が求められる場合に有給
休暇が申請しづらい，あるいは連休が取りにくいという傾向が見られることを
示す概念である．そのため，有給休暇の取得にあたっては，「順番での有休取
得」が求められるのである．

3）　ワーク・ライフ・バランスに関する職場風土

（1）下位概念の生成

　本章第1節の目的においても述べたように，WLBに関する職場風土に関し
ては，概念的な曖昧さもあることから，概念生成の過程をより詳細に示すため，
まず，生成された下位概念に関して記述する．オープン・コーディングの結果，
22の下位概念が生成され，《WLBに関する職場風土》カテゴリーに分類され
た．それぞれの下位概念に関する発言人数と発言例を，**表5-4**に示す．

　生成された下位概念は，「女性の多さ」，「育児経験のある周囲ワーカー」，
「働き方の多様さ」，「ワーカーどうしの良好なコミュニケーション」，「風通し

の良さ」,「周囲のワーカーの順応」,「周囲のワーカーのサポート（情緒）」,「周囲のワーカーのサポート（道具）」,「周囲のワーカーのサポート（情報）」,「女性の制度利用率の高さ」,「ロールモデルとしての制度利用者」,「ワーカー自身による職務再設計」,「男性の制度利用」,「パート職員の制度利用」,「複数回の制度利用」,「制度が利用できるという意識」,「制度利用が当たり前という意識」,「制度があることでの安心感」,「制度利用者の不安のなさ」,「お互いさま意識」,「急な休みも頼みやすい」,「有休取得率の上昇」である.

　まず,「女性の多さ」は,現場ワーカーに女性が多いことを示す下位概念である.同様に,「育児経験のある周囲ワーカー」は,育児経験のあるワーカーが制度利用者の周囲にいるという職場の背景を示す下位概念である.「働き方の多様さ」は,職場において働き方や職種の多様さが見られることを意味する下位概念である.

　次に,「ワーカーどうしの良好なコミュニケーション」は,制度利用の有無に関わらず,日頃からワーカーどうしの間で気さくで良好なコミュニケーション関係が築かれていることを示す下位概念である.「風通しの良さ」は,職場の人間関係における風通しの良さを示す下位概念である.

　「周囲のワーカーの順応」は,現場ワーカーの誰かがWLB支援制度を利用すること,またそれにともなう周囲の業務体制の変更や対応・フォローの仕方などに対して,制度利用者の周囲のワーカーが順応しスムーズに対応できるようになっていることを示す下位概念である.「周囲のワーカーのサポート（情緒）」は,WLB支援制度の利用者であるワーカーに対して,周囲の現場ワーカーから,サポートやフォローを申し出るような声かけや話を聞くなどの情緒的サポートが提供されていることを示す下位概念である.同様に,「周囲のワーカーのサポート（道具）」は,周囲のワーカーから,WLB支援制度利用者であるワーカーに対して,実際の業務面において,緊急で空いてしまった時間でのカバーや融通を利かせた業務の交代など,仕事に関わる物理的なサポートが提供されていることを示す下位概念である.そして「周囲のワーカーのサ

表 5-4 《WLB に関する職場風土》カテゴリーの生成された下位概念一覧

下位概念	発言人数	発言例（対象者 No.- コメント番号）
女性の多さ	5	女性の方が多い（A2-1），6割〜7割近くが女性（B1-10），（男女比が）1：9ぐらい（D2-8）
育児経験のある周囲ワーカー	2	お孫さんだったり，自分の子育ての経験とか，今（子どもが）いたりとかの人が多いので（B4-7），子育て世代が終わった女性が多い（D1-18）
働き方の多様さ	1	色々な働き方や職種が増えた（A1-2）
ワーカーどうしの良好なコミュニケーション	4	みんな仲が良い会社（A3-35），仕事のことに関しても家のことに関しても「こんなんあったんよ」って聞いてくれたり（B4-30），仕事の話以外とかでも，世間話とかかする相手とかもやっぱり，〇〇課の中でそういうのできてたんだなぁと思った（C4-14）
風通しの良さ	1	風通しが良くなった（B2-42）
周囲のワーカーの順応	4	自然と職員自身が「そういうものなんだ」という認識になる（A2-8），「今度復帰するから，またあの動きに戻るんだな」と認識してきてくれている（A3-32），慣れてきてる（D1-36）
周囲のワーカーのサポート（情緒）	4	「それは仕方ないもんね．大事な時だもんね。」（A1-34），「何かあったら言ってね」というふうに声をかけてくれたり（A3-27），みんないつも親身に聞いてくれる（B4-38）
周囲のワーカーのサポート（道具）	6	「2〜3時間だったらどうにか現場でカバーするよ」（A1-58），遅出で誰もお迎えが出来ない時だったら，「早いけどちょっと交代しようか」と言ってくれたり（A3-36），子どもさんがもう大きいスタッフさんが助けてくれて休み替わってくれたり（D2-16）
周囲のワーカーのサポート（情報）	2	私が復帰する前の動きと今の動きは全然違うから（A3-12），変わったこととかも，休んでる間にいろいろあったこととかも，すごくコミュニケーションが密に取れてるので，「こういう間に，こういうことがあったよ」とか教えてもらったり，「去年はこうだった」とか教えてもらえたりする（C4-13）
女性の制度利用率の高さ	4	育休の取得率はほぼ100％で〜〜女性に限っては（A1-20），終日勤務するっていう者の方が少ない（C2-4）
ロールモデルとしての制度利用者	8	ずっと働いて，活躍してくれている（A2-32），「でも，私見て．こんなに頑張ってるよ，こんなに気にせずしてるやろ」とか言いながら，「一緒に頑張ろう」って言いながらやってたり（A3-40），取った人が，またこれから取りたいと思うような人に話をしたりとか，相談したりとかもあるみたい（C1-21），制度を使いながら休みをしっかり取って，帰ってきて短時間で働いている先輩たち（D1-14）

ワーカー自身による職務再設計	1	明日に回せるような仕事は明日にしたりとかで調整はしていかないといけないなと（C4-15）
男性の制度利用	5	男性でも2名ほど取って（A2-4），4〜5人です（C1-10），僕が取ったことによって，より女性スタッフが取りやすくなった（D2-9）
パート職員の制度利用	1	パート職員でも条件を満たしていれば取っていた人はいます（A1-73）
複数回の制度利用	1	今まで育休は3回利用しています（A3-1）
制度が利用できるという意識	6	「へぇ，こんなの使えるんだ」とかいって使ってもらう（B2-16），「使える」と思っている（D1-32）
制度利用が当たり前という意識	3	育児休業を取るのが当たり前という意識（A1-32），取りたいということに対して後ろめたさは感じていない（A2-3），産休とか育休なんかはもう当たり前みたいに，当然レベルまでたぶん落ちてる（C1-20）
制度があることでの安心感	1	心の余裕…安心ですね（B3-12）
制度利用者の不安のなさ	2	休みにあたっては心配していない（A1-39），乗っかるだけという，心理的なハードルは低い（A2-14）
お互いさま意識	6	お互いさまの意識もありますし（A2-30），自分のできることは，私も何か助けになりたいとかも思います（B4-14），みんなやっぱりお互いさまなので（D1-52）
急な休みも頼みやすい	1	預けられなければ「ごめんなさい」って言って，休んだりとかも全然気兼ねなくできる（B4-31）
有休取得率の上昇	3	60弱ぐらいだったのが70（％）ぐらいにはなってきている（B1-19），（有休が）取れるようになったのは本当に最近だと思うんですよ，みんな自主的に取れるようになったのは（C3-33）

（出所）筆者作成.

ポート（情報）」は，WLB 制度利用者の中でも特に育児休業制度の利用者が職場に復帰した際に，制度利用者の休業中に変化した業務内容に関わる情報や休業中の業務上の出来事などに関して，周囲の現場ワーカーから適切に情報提供が行われていることを意味する下位概念である．介護職の場合は，介護の対象者一人一人に合わせたケアが求められるため，育児休業で不在中に起こった変化や出来事などに関する情報は，復帰後の職務に重要であることもデータから示された．

「女性の制度利用率の高さ」は，女性ワーカーの WLB 支援制度の利用率の高さが見られることを意味する下位概念である．特に育児休業制度の女性ワーカーの利用率は非常に高い傾向が見られる．「ロールモデルとしての制度利用者」は，WLB 支援制度の利用者であるワーカーが，制度を利用しながら現場で活躍し続けることや，これから制度を利用しようとする現場ワーカーに対して経験に即したアドバイスをすることなどによって，WLB 支援制度利用者としてのロールモデルの役割を果たしていることを示す下位概念である．「ワーカー自身による職務再設計」は，WLB 支援制度の利用者であるワーカー自身が，支援制度を利用しながら短時間で効率よく職務をこなせるよう適切に仕事のスケジュールなどを調節しながら働いていることを示す下位概念である．「男性の制度利用」は，男性ワーカーによる WLB 支援制度の利用が見られることを意味する下位概念である．同様に，「パート職員の制度利用」は，非正規雇用のパート職員による WLB 支援制度の利用が見られることを示す下位概念である．「複数回の制度利用」は，一人のワーカーが，複数回にわたって育児休業制度などの WLB 支援制度を利用している傾向が見られることを示す下位概念である．

「制度が利用できるという意識」は，現場ワーカーが，WLB 支援制度の存在を認知していて，なおかつ実際に活用できるものだと認識しているということを意味する下位概念である．「制度利用が当たり前という意識」は，WLB 支援制度が現場ワーカーに深いレベルで浸透しており，利用することが当たり前だという意識が持たれていることを意味する下位概念である．「制度があることでの安心感」は，WLB 支援制度があることで，まだ実際には制度を利用していなくても，いざとなれば利用できると感じ，それが心の余裕や安心感につながっているということを意味する下位概念である．そして，「制度利用者の不安のなさ」は，実際に現場ワーカーが WLB 支援制度を利用するにあたり，心理的ハードルが低い状態で利用できるという状況を示す下位概念である．

「お互いさま意識」は，WLB 支援制度の利用を中心として，実際に制度を

利用しているワーカーは自分自身が助けられている分，自分もできるサポートはしていきたいと感じていたり，まだ制度を利用していないワーカーはいずれ自身も助けられることがあるかもしれないと思ってサポートやフォローをしたりと，お互いに助け合って業務にあたっていこうとする感覚や雰囲気を共有していることを意味する下位概念である．「急な休みも頼みやすい」は，WLB支援制度の利用者であるワーカーが育児などの家庭の理由によって急に都合が悪くなった時にも，気兼ねなく仕事を休むことができると感じているということを意味する下位概念である．「有休取得率の上昇」は，実際に職場における有給休暇の取得率が上昇したり，ワーカーが自主的に有給休暇を取得できたりするようになっている職場の雰囲気を示す下位概念である．

（2）6つの構成概念

　上述の生成された下位概念に関して，統合・整理を行い，概念化したものが，**表5-5**である．6つの概念が生成された．

　生成された概念は，〈働く人の多様さ〉，〈良好なコミュニケーション〉，〈周囲のサポート〉，〈ロールモデル〉，〈制度が利用しやすい雰囲気〉，〈お互いさま意識〉である．それぞれの概念に関して，分類される下位概念とともに，その内容を述べる．

　まず，〈働く人の多様さ〉に分類される下位概念は，「女性の多さ」，「育児経験のある周囲ワーカー」，「働き方の多様さ」の3つである．これらの下位概念は，職場における人材の属性や働き方の多様さを示す概念であり，WLBに関して多様な価値観を受容できるような職場の背景にあるものだと考えられる．

　〈良好なコミュニケーション〉に分類される下位概念は，「ワーカーどうしの良好なコミュニケーション」と「風通しの良さ」の2つである．これらの下位概念は，制度利用の有無に関わらず，日頃からワーカーどうしの間で気さくで良好なコミュニケーション関係が築かれていることを示す概念である．この概念も，先述の〈働く人の多様さ〉同様，お互いのWLBに関して尊重し合える

表 5-5 《WLB に関する職場風土》カテゴリーの概念一覧

概念	発言人数	概念の定義／下位概念	発言例（対象者 No.- コメント番号）
〈働く人の多様さ〉	6	職場における人材の属性や働き方の多様さ. 女性の多さ, 育児経験のある周囲ワーカー, 働き方の多様さ	女性の方が多い (A2-1), 6割, 7割近くが女性 (B1-10), (男女比) 1：9ぐらい (D2-8), 管理者さん筆頭に子どもさんがいるので (B4-8), 色々な働き方や職種が増えた (A1-2)
〈良好なコミュニケーション〉	5	制度利用の有無に関わらず, 日頃からワーカーどうしの間で築かれている気さくで良好なコミュニケーション関係. ワーカーどうしの良好なコミュニケーション, 風通しの良さ	みんなお互いに声かけ合ったり (A3-39), 仕事のことに関しても, 家のことに関しても, 「こんなんあったんよ」って聞いてくれたり (B4-30), 仕事の話以外とかでも, 世間話とかする相手とかもやっぱり, ○○課の中でそういうのできてたんだなぁと思った (C4-14), 風通しが良くなった (B2-42)
〈周囲のサポート〉	7	WLB 支援制度利用者の周囲のワーカーによる, 制度利用者への順応やサポート. 周囲ワーカーの順応, 周囲ワーカーのサポート（情緒）， 周囲ワーカーのサポート（道具）， 周囲ワーカーのサポート（情報）	自然と職員自身が「そういうものなんだ」という認識になる (A2-8), 「今度復帰するから, またあの動きに戻るんだな」と認識してくれている (A3-32), 「大丈夫？」って子ども心配をしてくれたり (A3-26), みんないつも親身に聞いてくれる (B4-38), 私が動きやすいように周りが動いてくれたり (A3-14), 残ったメンバーで, サポートしながら頑張ろうか (D1-33), 変わったこととかも, 休んでる間にいろいろあったこととかも, すごくコミュニケーションが密に取れてるので, 「こういう間に, こういうことがあったよ」とか教えてもらったり, 「去年はこうだった」とか教えてもらえたりする (C4-13)
〈ロールモデル〉	11	現場ワーカーが WLB 支援制度の利用を検討する際に, 制度利用者が果たしている手本あるいは参考となるようなロールモデルの役割. 女性の制度利用率の高さ, ロールモデルとしての制度利用者, ワーカー自身による職務再設計, 男性の制度利用, パート職員の制度利用, 複数回の制度利用	育休の取得率はほぼ100％で～～女性に限っては (A1-20), 終日勤務するっていう者の方が少ない (C2-4), 「私がこれを取ったから, これもいけるんじゃないの？」というアドバイスをする職員 (A1-35), 「でも, 私見て. こんなに頑張ってるよ, こんなに気にせずしてるやろ」とか言いながら, 「一緒に頑張ろう」って言いながらやってたり (A3-40), 取った人が, またこれから取りたいと思うような人に話をしたりとか, 相談したりとかもあるみたい (C1-21), 明日に回せるような仕事は明日にしたりとかで調整はしていかないといけないなと (C4-15), 男性でも2名ほど取って (A2-4), 僕が取ったことによって, より女性スタッフが取りやすくなった (D2-9)

〈制度が利用しやすい雰囲気〉	8	WLB 支援制度が現場のワーカーにもたらす心理的な影響.	「そういうものがあって，取っていいんだ」と認識している（A1-51），「へぇ，こんなの使えるんだ」とかいって使ってもらう（B2-16），1 年休んでも，安心してもらえるというか，気を遣ってもらわなくていいかなと（B3-1），育児休業を取るのが当たり前という意識（A1-32），みんな取って当たり前だし，私も取ろうと思って（A2-20），心の余裕…安心ですね（B3-12），乗っかるだけという，心理的なハードルは低い（A2-14）
		制度が利用できるという意識，制度利用が当たり前という意識，制度があることでの安心感，制度利用者の不安のなさ	
〈お互いさま意識〉	9	WLB 支援制度の利用を中心とした，ワーカーどうしによる互いにそれぞれの個人的な生活を尊重し合えるような雰囲気や，その結果.	お互いさまの意識もありますし（A2-30），産休とか育休とかだけじゃなくって，例えば体調悪くなって帰るとかいうのも，やっぱり体が一番って思ってるので，それは協力できるとか協力したりとか（C4-22），預けられなければ「ごめんなさい」って言って，休んだりとかも全然気兼ねなくできる（B4-31），有休も取得率が上がってます（B2-25），（有休が）取れるようになったのは本当に最近だと思うんですよ，みんな自主的に取れるようになったのは（C3-33）
		お互いさま意識，急な休みも頼みやすい，有休取得率の上昇	

（出所）筆者作成.

ような信頼関係の根源につながる背景にあるものだと考えられるため，1 つの独立した概念として捉えている.

〈周囲のサポート〉に分類される下位概念は，「周囲のワーカーの順応」，「周囲のワーカーのサポート（情緒）」，「周囲のワーカーのサポート（道具）」，「周囲のワーカーのサポート（情報）」の 4 つである．この概念は，主に，WLB 支援制度の利用者であるワーカーの，周囲にいるワーカーたちが，制度利用者がいる場合の働き方に慣れたり，様々な形でのサポートを提供したりしていることを示す概念である.

〈ロールモデル〉に分類される下位概念は，「女性の制度利用率の高さ」，「ロールモデルとしての制度利用者」，「ワーカー自身による職務再設計」，「男性の制度利用」，「パート職員の制度利用」，「複数回の制度利用」の 6 つである．この概念には，現場ワーカーが WLB 支援制度の利用を検討する際に，手本あるいは参考となるようなロールモデルの役割を果たしていると考えられる下位

概念が分類されている．「女性の制度利用率の高さ」というような，介護の職場で多数を占めることが多い女性ワーカーにおいては非常に高い制度利用率が見られることや，「男性の制度利用」，「パート職員の制度利用」，「複数回の制度利用」というような，女性ワーカーに限らず様々な立場のワーカーでも制度利用が見られることや何回でも制度を利用する例が見られることなどは，まだ利用していないワーカーが WLB 支援制度の利用を検討する大きな契機になると考えられる．そして，「ロールモデルとしての制度利用者」や「ワーカー自身による職務再設計」という下位概念は，WLB 支援制度の利用方法や利用中の働き方に関して，具体的な方法や工夫を知るためのロールモデルの役割を果たすことを示す内容になっていると考えられる．

〈制度が利用しやすい雰囲気〉に分類される下位概念は，「制度が利用できるという意識」，「制度利用が当たり前という意識」，「制度があることでの安心感」，「制度利用者の不安のなさ」の4つである．この概念に分類される下位概念が表すのは，WLB 支援制度が現場のワーカーにもたらしている心理的な影響である．WLB 支援制度そのものや，その利用がワーカーの間で浸透し，制度があることでまだ利用していないワーカーにも安心感を与え，制度を利用する場合にも不安なく取り組めるという様子が見られた．

〈お互いさま意識〉に分類される下位概念は，「お互いさま意識」，「急な休みも頼みやすい」，「有休取得率の上昇」の3つである．この概念は，WLB 支援制度の利用を中心として，ワーカーどうしが互いにそれぞれの個人的な生活を尊重し合えるような雰囲気や，その結果としての有給休暇取得率の上昇などを含む概念である．

第4節　分析結果の考察

前節の質的データによる分析結果に関して，先行研究での示唆などを参考に考察する．まず，《WLB 支援制度》カテゴリーに関しては，具体的内容を示

す概念として，〈制度の豊富さ〉が導出された．本書におけるインタビュー調査の対象となった，WLB 支援に先進的な介護サービス事業所に関しては，一般的な WLB 支援制度（両立支援制度）の導入はもとより，それだけにとどまらず，さらなる種類の制度導入などが見られる結果となった．

　次に，《働き方》カテゴリーに関しては，ここに分類される概念のうち，〈不規則な勤務体制〉と〈有休取得の自由度の低さ〉は，一般的な介護の職場でも見られる特徴であり，調査対象となった WLB 支援に先進的な介護サービス事業所においても基本的な働き方に関する内容として，そのような特徴が見られる結果となった．これらの働き方に関する特徴は，その程度が大きいほど，就業継続意図を低下させることが予想される．しかし，その一方で，〈残業・交代時の切り替え〉に関して，働きやすい工夫が見られたことが，今回の調査結果の特徴的な点だと考えられる．表 5-3 の発言例を見ると，シフト勤務におけるスムーズな交代を心がけることや，勤務時間中に仕事を終わらせることによって，勤務時間の終わりにはオンとオフを上手に切り替えることができ，残業時間もほとんどなくすことができるという関係性が考えられる．表 5-3 の〈残業・交代時の切り替え〉における発言例を見ると，今回の調査対象の中のある事業所（法人 A）における月平均の時間外労働（残業時間数）が1.14時間とある．介護労働安定センターの「介護労働実態調査（介護労働者の就業実態と就業意識調査）」によると，本インタビュー調査と同時期の，介護の職場における「1 週間の残業時間数」の平均は，2.0時間（2017年度），1.9時間（2018年度）と，1 週間につき 2 時間弱程度である［URL 28, URL 29］．前述の調査対象の事業所（法人 A）が，月当たりの残業時間の平均であることを踏まえると，非常に低い水準であると考えられる．この〈残業・交代時の切り替え〉がワーカーにとって働きやすい方向に機能することによって，〈不規則な勤務体制〉の負の側面が緩和されることが推測される．

　そして，《WLB に関する職場風土》カテゴリーに関しては，質的データからの下位概念の生成と，生成された下位概念の概念化から，構成する要素とし

て，6つの概念が導出された．《WLB に関する職場風土》カテゴリーに関する特徴としては，第1に，WLB 支援制度の利用に関わらず，WLB に関して多様なあり方や価値観を受容できるような職場の背景にあるものとして，〈働く人の多様さ〉と〈良好なコミュニケーション〉という2つの概念が挙げられると考えられる．このうち，〈良好なコミュニケーション〉は，「暖かい雰囲気」という Litwin and Stringer［1968=1974］が定義した組織風土の下位次元に近い概念ではないかと考えられる．組織風土に関する先行研究である Litwin and Stringer［1968=1974］が定義している「暖かい雰囲気（warmth）」とは，仕事集団内の雰囲気の中にいき渡っている，メンバーどうしの仲の良さや仲間関係を築いているという感情のことである．〈良好なコミュニケーション〉概念に含まれる「ワーカーどうしの良好なコミュニケーション」という下位概念は，日頃からワーカーどうしの間で気さくで良好なコミュニケーション関係が築かれていることを示す概念であるため，特に「暖かい雰囲気」に近い概念であるのではないかと考えられる．

　一方，〈働く人の多様さ〉は，WLB に関する職場風土に特有の要素だと考えられる．特に，この概念に含まれる，「女性の多さ」は介護の職場全般において特徴的な点であり，本分析の調査対象である WLB 支援に先進的な介護サービス事業所に限定したことではないと考えられる．したがって，このような特徴が WLB に支援的な職場風土の一部につながるということは，介護の職場における WLB を考える上で，重要な示唆だと考えられる．

　第2に，上述の2つの概念という基盤のもと醸成されると考えられるのが，あとの4つの概念である，〈周囲のサポート〉，〈ロールモデル〉，〈制度が利用しやすい雰囲気〉，〈お互いさま意識〉である．中でも，〈周囲のサポート〉は，Litwin and Stringer［1968=1974］が定義する組織風土の下位次元である「支持性」に近い概念カテゴリーではないかと考えられる．Litwin and Stringer［1968=1974］が定義する「支持性（support）」とは，周囲の組織メンバーから得られるサポートの程度に関する自覚のことである．〈周囲のサポート〉という

概念には，周囲のワーカーからの情緒的，道具的，情報的という様々な形での
サポートが含まれているため，「支持性」という下位概念が指す内容に近似し
た概念だと考えられる．

　一方，〈ロールモデル〉は，WLB に関する職場風土に特有な要素ではない
かと考えられる．本島ほか［2017］は，同じヒューマン・サービス職である看
護職（既婚女性看護師）を対象とした量的調査から，WLB への満足感が高い
ワーカーの特徴の1つとして，ロールモデルを持っていることが挙げられると
いう分析結果を示している．また，〈ロールモデル〉という概念の中の「男性
の制度利用」という点に関連して，武石・松原［2014］は，一般企業の，部下
（男性もしくは女性）が育児休業制度を利用したことがある管理職への量的調査
から，部下による育児休業取得の職場全体への影響に関して，育児休業取得者
（部下）が男性の場合は，女性の場合以上にプラスの影響があったことを指摘す
る割合が高くなったという結果を示している．さらに，同調査において，職場
への影響の具体的内容に関しては，男性が育児休業取得者の場合には，各ワー
カーが自分のライフスタイルや働き方を見直すきっかけになったという項目に
おいて，取得者が女性の場合よりも回答率が高い結果となった［武石・松原
2014］．このように，男性による WLB 支援制度の利用は，周囲のワーカーにと
っても，自身のライフスタイルや働き方を見直すきっかけとなることが推測さ
れ，本章の分析において聞かれた男性ワーカーの制度利用の例も，ロールモデ
ルとしての役割を果たしている可能性があると考えられる．

　そして，〈周囲のサポート〉と〈ロールモデル〉，〈制度が利用しやすい雰囲
気〉とを含めた3つの概念は，相互に影響を及ぼし合い，相乗的に促進される
ような関係性にあるのではないかと考えられる．表5-4や表5-5に示した質
的データからは，〈周囲のサポート〉に分類される様々な形での周囲ワーカー
のサポートが，〈制度が利用しやすい雰囲気〉に分類される「制度が利用でき
るという意識」などにつながり，それが〈ロールモデル〉の存在を生むのでは
ないかと推測される．

表 5-4 における「ロールモデルとしての制度利用者」は〈ロールモデル〉に分類される下位概念であるが，その発言例として，制度利用者であるワーカーが，次の制度利用者の候補となるワーカーに対して就業継続への励ましや具体的アドバイスをしている例が見られる．このように，制度利用を経験したワーカーは，他のワーカーが WLB 支援制度を利用する際に積極的にサポートをしようとする傾向が見られ，それがまた〈周囲のサポート〉へとつながるのではないかと考えられる．

　そして，そのような循環的な相乗効果の中核にあるのが，〈お互いさま意識〉なのではないかと考えられる．表 5-4 の質的データからは，「お互いさま意識」という下位概念の発言例として，「お互いさま」という言葉が実際に聞かれたことが分かる．また，〈お互いさま意識〉概念に分類される「有休取得率の上昇」は，〈お互いさま意識〉が，実際に形となって表れた例として，当該概念に分類している．WLB における「お互いさま」とは，WLB 支援制度の利用機会に関する意味も当然考えられるが，それだけではなく，広い意味での私生活と仕事との両立に関しても考える必要がある．第 3 章でも述べたように，日本における WLB 支援とは，仕事と家庭の両立に止まらず，すべての労働者の働き方を対象と捉えている［定塚 2008; 武石 2012］．既に子育てを終えていたり，育児や介護の予定がないなど，WLB 支援制度の利用予定がないワーカーにとっては，有給休暇の取得が「お互いさま」の一種の報酬となることが考えられるため，「有休取得率の上昇」は，幅広いワーカーにとっての「お互いさま」を表す下位概念として，捉えることができると考える．

おわりに

　本章では，介護の職場における「WLB 支援制度」，「働き方」，「WLB に関する職場風土」のそれぞれにおける構成概念に関して，インタビュー調査によるデータを基に，質的検討を行った．分析の結果，それぞれの要因の具体的内

容を表す概念として,「WLB 支援制度」に関しては「制度の豊富さ」,「働き方」に関しては「不規則な勤務体制」,「残業・交代時の切り替え」,「有休取得の自由度の低さ」が挙げられる可能性が示された.

さらに,「WLB に関する職場風土」に関しては,第 1 に,調査対象としたマネジャーならびに現場ワーカーが勤務する,WLB 支援に先進的な介護サービス事業所においては,WLB に支援的な職場風土が醸成されていると考えられること,そして第 2 に,その職場風土を構成する要素として,「働く人の多様さ」,「良好なコミュニケーション」,「周囲のサポート」,「ロールモデル」,「制度が利用しやすい雰囲気」,「お互いさま意識」という 6 つの概念が挙げられること,という大きく 2 点の示唆を得た.

次章では,本章での分析結果も含め,本書での大きな目的である介護職の就業継続意図と,WLB に関わる要因である「WLB 支援制度」,「働き方」,「WLB に関する職場風土」のそれぞれとの関連について質的に検討する.

第 **6** 章

ワーク・ライフ・バランスから就業継続意図への影響に関する質的検討

本章では，WLB に関する重要なキーワードだと考えられる，「WLB 支援制度」，「働き方」，「WLB に関する職場風土」の 3 つの要因に関して，「就業継続意図」と，どのような関連があるのか，WLB に支援的な職場風土が醸成されている介護サービス事業所を対象としたインタビュー調査データを基に，質的分析から検討を行う．

第 1 節　質的検討の目的

本章における分析では，「『WLB 支援制度』，『働き方（負の側面）』，『WLB に関する職場風土』は，『就業継続意図』と，どのように関連しているのか」という探索的リサーチ・クエスチョンに関して，質的検討を行うことを目的とする．それぞれの要因の関連について検討するにあたり，「就業継続意図」とその周辺要因を含む，「結果」に関する概念生成も行うこととする．

第 1 に，「WLB 支援制度」に関しては，WLB 支援制度の効果に関する先行研究 [Batt and Valcour 2003; Eaton 2003] などの指摘から，WLB 支援制度の導入がワーカーに対して様々なプラスの効果をもたらすことが予想される．第 2 に，「働き方」に関しては，介護職の特徴である，不規則な勤務体制や有給休暇取得の自由度の低さなどを，働き方の負の側面と捉え，同じヒューマン・サービス職である看護職に関する先行研究 [本間・中川 2002] などの指摘から，そのような働き方の負の側面が，育児などと仕事との両立を図るワーカーにとっては，WFC を高める可能性が考えられる．第 3 に，「WLB に関する職場風土」

に関しては，Litwin and Stringer ［1968=1974］を中心とした組織風土に関する
先行研究の指摘から，個人のモチベーション喚起やその先の行動につながる可
能性が考えられる．

第2節　質的検討の方法

1）　調査対象者

本章では，第5章で用いた質的調査データと同じデータを用いて質的分析を
行った．調査対象者は，前章の表5-1に示したWLB支援に先進的な介護
サービス事業所（法人）のマネジャー層および現場ワーカーの13名である．調
査協力を得られた介護サービス事業所（法人）のそれぞれにおいて，数名ずつ
に半構造化面接を実施した．

2）　調査時期

インタビュー調査は，2017年6月から2018年3月にかけて実施した．

3）　手続き

本章における分析に関連する主な質問項目は，「①両立（ワーク・ライフ・バラ
ンス）支援制度の種類」，「②両立（ワーク・ライフ・バランス）支援制度の運用状
況」，「③両立（ワーク・ライフ・バランス）支援制度・支援体制に対する現場ワー
カーからの評価・感想」，「④制度利用者の周囲のワーカーの反応」，「⑤制度利
用時あるいは平常時の職場の雰囲気」，「⑥日頃の勤務体制」，「⑦両立（ワー
ク・ライフ・バランス）支援の効果」などである．これらの質問項目を中心に，
より詳細な質問などを適宜加えながら，半構造的に面接を実施した．

実施にあたり，調査対象者の回答などのメモを取るとともに，調査対象者か
らの同意を得た上で，ICレコーダーにてインタビュー内容の録音を行った．
なお，本調査に関しては，同志社大学「人を対象とする研究」に関する倫理審

査委員会による承認（申請番号：17072）を得て実施している．

4） 分析方法

第1に，「就業継続意図」を含む「結果」に関する概念生成を行った．録音
したインタビュー内容を文字化した上で，「就業継続意図」およびその他の結
果変数に関連すると考えられるデータの切片化を行った．切片化したデータか
ら，Glaser and Strauss のグラウンデッド・セオリー・アプローチにおける
「オープン・コーディング」を参考に，下位概念の生成を行った［Glaser and
Strauss 1967=1996; 木下 1999］．次に，生成された下位概念に関して，相互の関連
性を検討した上で統合・整理を行い，概念を生成した．第2に，第5章で概念
を導出したカテゴリー（「WLB 支援制度」，「働き方」，「WLB に関する職場風土」）と，
「就業継続意図」およびその他の「結果」との間の関係性について，質的デー
タを基に検討し，図に示した．

なお，本章第3節「質的検討の結果」および本章第4節「分析結果の考察」
においては，生成された概念の名称を〈概念名〉と示すこととする．同様に，
各カテゴリーの名称を《カテゴリー名》のように示す．

第3節　質的検討の結果

1）「結果」カテゴリーにおいて生成された概念

オープン・コーディングと，下位概念どうしの統合および整理の結果，就業
継続意図を含む《結果》カテゴリーにおいて，複数の概念が生成された．《結
果》カテゴリーに分類される概念としては，〈個人への効果〉，〈就業継続意図〉，
〈就業継続〉，〈入職者の増加〉，〈組織への効果〉の5つが挙げられる．生成さ
れた概念の一覧を表6−1に示す．それぞれの概念の内容を，生成された下位
概念の説明とともに以下に述べる．

〈個人への効果〉とは，結果として，ワーカー個人が受けた影響のことを示

表6-1　《結果》カテゴリーの概念一覧

概念	発言人数	概念の定義／下位概念	発言例（対象者 No.- コメント番号）
〈個人への効果〉	5	結果としてワーカー個人が受けた影響. 制度利用者の働きやすさ，仕事へのモチベーション，コミットメント	めちゃくちゃ楽（A3-33），働きやすい（B4-32），すごく助かってます（C4-3），時間短いけど，フルで働いてる人たちと同じだけの仕事はしたいなって思ってて（C4-11），まわりで聞いていたら，「自分の施設でよかった」って（A3-24）
〈就業継続意図〉	4	ワーカー個人における就業継続意図. 就業継続という選択肢の獲得，強い就業継続意図	自分の人生の中に大きな転機があっても，働くという選択肢も取れるなとはとは思っているのではないかと思います（A1-113），「辞めなくていいんだ」と気づいた（D1-16），辞める選択肢は全然ないと言っていました（A2-25），「子どものために頑張ろう」（A3-48）
〈就業継続〉	4	組織における就業継続に関する実績. 長期の就業継続実績，平均勤続年数の上昇，離職率の低下，離職の予防，育児が理由での離職の少なさ	ここの法人が設立された時からいることもあって，現在も僕と同じ新入職員として入った職員も何人か残っています（A1-94），ずっと残って，そのまま結婚して居てくれてる（D1-43），勤続年数なんかも〜〜もともと3年ぐらいだったものが，今は5.4年なので，長くなってきているかなと（B1-20），（離職率）だいぶ下がってきてますし（B1-18），離職率が減った（D1-38），離職者がやっぱり予防できる（B2-17），給与が足りなくなったりとか，育休が取れなかったり制度上の運用が良くなかったので，という，それが退職理由になることはほとんどない（A1-99）
〈入職者の増加〉	3	WLB 支援体制の充実による，様々なルートでの入職者の増加. 応募者の増加，離職者の再雇用実績，他組織からの転職	（職を）求めてくる人たちも増えてるかなぁと（D1-39），離職する，退職する人もいるんですけど，戻ってきます（B2-22），よその施設で働いてた人が来たら，もう辞めない（D2-7）
〈組織への効果〉	4	最終的に組織にもたらされる効果. 就業継続の効果，人手不足の解消，安定した運営	長く働けることで利用者との関係性が構築できる（B2-19），慣れた職員がケアを展開することでスムーズな業務が行える（B2-20），人材育成もしやすいのかな（B2-21），長年の顔の見える中での信頼関係も築ける（C1-24），楽になった（D2-6），安定した運営ができるのかな（B2-18）

（出所）筆者作成.

す概念であり，「制度利用者の働きやすさ」，「仕事へのモチベーション」，「コミットメント」という3つの下位概念を含んでいる．制度利用者であるワーカーが，働きやすいと感じている，仕事するにあたって楽だと感じているなどの心理を示しているのが，「制度利用者の働きやすさ」という下位概念である．また，WLB支援制度を利用しながら働くワーカーの「仕事へのモチベーション」の高さや，WLB支援への満足からワーカーが自身の働いている組織への「コミットメント」を高めていることが，この〈個人への効果〉という概念の意味するところである．

〈就業継続意図〉とは，育児などの家庭における役割を担いながらも就業継続することができると感じ，就業し続けようという意図を持っている状態を示す概念である．下位概念として，「就業継続という選択肢の獲得」と「強い就業継続意図」という2つを含む概念である．この概念は，出産や育児というライフイベントに直面した時でも，仕事を続けるという選択肢を選ぶことができるという「就業継続という選択肢の獲得」を経験し，働き続けることを前提に，制度利用の方法や生活に関しての組み立てをして就業継続していこうとする「強い就業継続意図」が，ワーカー個人の中で形成されるということを示している．

〈就業継続〉とは，前述の〈就業継続意図〉からさらに一歩進み，実際に就業継続が促進されていることを示す概念である．下位概念としては，「長期の就業継続実績」，「平均勤続年数の上昇」，「離職率の低下」，「離職の予防」，「育児が理由での離職の少なさ」の5つが含まれる．「長期の就業継続実績」とは，長年にわたり就業し続けているワーカーの事例が見られることを示す下位概念である．「平均勤続年数の上昇」はワーカーの平均勤続年数の上昇が数値データとして表れていることを示す下位概念であり，「離職率の低下」は職場のワーカーの離職率が低下してきていることを示す下位概念である．「離職の予防」とは，WLB支援制度の運用が，ワーカーの離職予防につながっているという実感を示す下位概念である．そして，「育児が理由での離職の少なさ」と

は，ワーカーが実際に離職する際の理由において，育児に関する問題が挙がることが少ないあるいはほとんどないことを示す下位概念である．

〈入職者の増加〉には，下位概念として，「応募者の増加」，「離職者の再雇用実績」，「他組織からの転職」の3つが含まれる．「応募者の増加」とは，WLB支援制度の充実によって，採用における応募者が増えたという効果が見られたことを示す下位概念である．「離職者の再雇用実績」とは，一度，調査対象の事業所を離れたワーカーが，その組織のWLB支援の充実を実感し，再び当該事業所に戻ってきた事例が見られることを示す下位概念である．「他組織からの転職」は，他の介護サービス事業所に勤務していたワーカーが，調査対象の事業所に転職してきた際に，当該事業所のWLB支援の充実に満足し就業し続ける事例が見られることを示す下位概念である．これらのように，WLB支援制度を中心とした支援体制の充実によって，様々なルートによって入職者の増加が見られることを意味するのが，この〈入職者の増加〉という概念である．

〈組織への効果〉とは，最終的に組織にもたらされた効果のことを意味する概念であり，下位概念として，「就業継続の効果」，「人手不足の解消」，「安定した運営」の3つが挙げられる．「就業継続の効果」という下位概念は，介護に携わるワーカーが長く就業継続することで得られるメリットとして，介護に関する経験の蓄積による知識や技術の向上とその伝達や，介護の対象となる利用者との信頼関係の構築，スムーズな業務運営，スムーズな人材育成などがあることを示している．また，「人手不足の解消」が促進されることによって，現場のワーカーの仕事が楽になったり，組織として「安定した運営」ができたりすることなどが，〈組織への効果〉として挙げられる．

この《結果》カテゴリーに分類される概念どうしの関係性について整理する．当該カテゴリーに分類される5つの概念（〈個人への効果〉，〈就業継続意図〉，〈就業継続〉，〈入職者の増加〉，〈組織への効果〉）の相互の関係性に関しては，後述の図6-1に示すように，〈個人への効果〉が，ワーカーの〈就業継続意図〉を喚起し，組織における〈就業継続〉につながると考えられる．そしてワーカーの

図6-1 質的分析から考えられるカテゴリー間の関係性

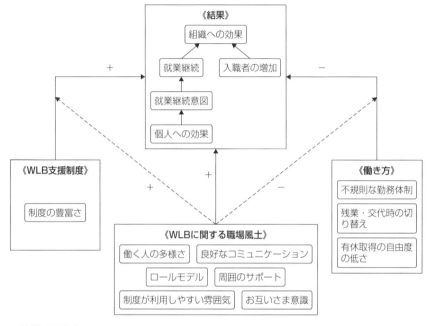

(出所) 筆者作成.

〈就業継続〉と,〈入職者の増加〉によって,〈組織への効果〉がもたらされると考えられる.

2) 各カテゴリー間の関係性

本項では,WLB 支援における重要なキーワードとなる3つの要素である,《WLB 支援制度》,《働き方》,《WLB に関する職場風土》の各カテゴリーが,〈就業継続意図〉を含む《結果》カテゴリーと,どのような関連にあるのかに関して,データを基に検討する.したがって,本項の内容は,本章における「『WLB 支援制度』,『働き方(負の側面)』,『WLB に関する職場風土』は,『就業継続意図』と,どのように関連しているのか」という探索的リサーチ・クエ

スチョンに対する結果であり，各要因の関係性に関する仮説生成につながるものと考えられる．それぞれのカテゴリー間の関係性を示す質的なデータ内容を**表6-2**に示す．さらに，質的データから考えられる，それぞれのカテゴリー間の関係性に関する仮説モデルについては，**図6-1**に示した通りである．

第1に，《WLB支援制度》カテゴリーから〈就業継続意図〉を含む《結果》カテゴリーに対しては，WLB支援制度が整えられていることが就業継続意図に関わる要因の促進につながるというように，正の関連があると考えられる．**表6-2**に示しているように，質的データからは，充実したWLB支援制度があることで，就業継続に関わる要因（概念）の中でも，「制度利用者の働きやすさ」という〈個人への効果〉や，「応募者の増加」という〈入職者の増加〉などを促進する効果があると考えられる．

第2に，《働き方》カテゴリーから〈就業継続意図〉を含む《結果》カテゴリーに対しては，勤務体制が不規則であることや有給休暇取得の自由度が低い場合に，就業継続意図に関わる要因の低減につながるというような負の関連があると考えられる．本分析においては，《働き方》カテゴリーにおける主な要因を，〈不規則な勤務体制〉と〈有休取得の自由度の低さ〉というように，その程度が大きいほど，就業継続意図を低下させることが予想される方向性を持つものとして捉えている．したがって，**図6-1**に示したカテゴリー間の関係性についても，《働き方》カテゴリーから〈就業継続意図〉を含む《結果》カテゴリーに対しては，負の関連を示す内容となっている．**表6-2**に示しているように，質的データからは，特に，有給休暇取得の自由度の低さが，就業継続そのものの低下につながる可能性が考えられる．

しかし，第5章の質的分析からは，《働き方》カテゴリーにおいて，上述の2つの概念（〈不規則な勤務体制〉，〈有休取得の自由度の低さ〉）の他に，〈残業・交代時の切り替え〉という概念も生成され，本分析において調査対象となっているWLB支援に先進的な介護サービス事業所に関しては，〈不規則な勤務体制〉の負の側面を緩和させる働きも考えられた．〈残業・交代時の切り替え〉とい

第6章　ワーク・ライフ・バランスから就業継続意図への影響に関する質的検討　97

表6-2　カテゴリー間の関係性を示すデータ

カテゴリー➡カテゴリー	発言人数	発言例（対象者 No.- コメント番号）
《WLB支援制度》➡《結果》	2	・いけるなと思った時に復帰もできるし，（制度を）取ろうと思えば（子どもが）3歳まで取れるし，そういう自由度が，（制度が）作られていることで（あるな）というのは実感としてありましたね（A2-17） ・効果はどうやろうなぁ～～（WLB支援に関する）認証制度は本当にハローワークで「認証」って押されるんですよ，「認証制度」ってね．だから，そのへんはやっぱり，「それを見て来ました」とか言ってくれる人（C3-27）
《働き方》➡《結果》	1	・（一度，当該法人を辞めて別の法人に勤めたワーカーが）やっぱり戻ってきた…みたいな．「○○（当該法人）はやっぱり福利厚生も良くて，向こう（別の法人）では取れなくて，有休も取れなかった」という話も聞くんですよね（B2-23） ・採用の面接の時も～～「何で○○（法人名）選んだんですか？」って絶対訊くんですよね．その中で絶対，福利厚生は出てきます（B2-24）
《WLBに関する職場風土》➡《結果》	2	・なんかあったら育休使えるなっていう気持ちがあるのと，まったくそんなんできないわと思いながら仕事するのでは，やっぱり心の持ちようが違うので（B3-10） ・良い人たちが集まってるんだろうなっていう感じで…働きやすかったです（B4-12）
《WLBに関する職場風土》➡【《WLB支援制度》→《結果》の影響】（調整効果）	4	・大きな制度とそれを具体化するための基盤がないといけない（A1-69） ・助けてくれている人の方が多いから，すごく私は働きやすいから，（育児休業制度を）3回も使っています（A3-20） ・15～16年前とかは～～会社としてこういう制度はあっても，なかなかちょっと使える雰囲気じゃなったり～～あるけども，あるだけで使えないというような感じの雰囲気はあったような気はしますね．まぁそのへんが今は～～，普通に使ってるというような形に，こう，社内的にも変わってきた（B1-24） ・最初から（制度が）あったことはあったんです．ただ，それを使えなかったというか，使っていいのかわからなかったという，雰囲気というか～～制度を使いながら休みをしっかり取って，帰ってきて短時間で働いている先輩たちを見ている周りの人たちが，自分たちが結婚して子どもを産んだ時に，ああいう制度を使いながら働けるんなら私もそうしたい，というかたちで，みんなそうやって（D1-15）
《WLBに関する職場風土》➡【《働き方》→《結果》の影響】（調整効果）	2	・（マネジャーのサポートが）すごく助かっています．*（同僚の人のフォローも大きいですか？）*大きいです．もう（子どもが）3歳になったので，今日も遅出なんですが，遅出で誰もお迎えが出来ない時だったら，「早いけどちょっと交代しようか」と言ってくれたり（A3-36） ・（勤務の交代時に周囲のワーカーが）「時間やで，はよ帰りや」とか言ってくれるので（B4-6） ・「はよ，帰り！子ども迎えに行くやろー」とか，いっぱい言ってくれるので，～～ここ入って，そういう部分で苦労したことはないですね（B4-9）

（注）発言例におけるイタリック体箇所はインタビュアーの発言．
（出所）筆者作成．

う概念がワーカーにとって働きやすい方向に機能することによって，《働き方》カテゴリーから，〈就業継続意図〉を含む《結果》カテゴリーに対する負の関連が弱まる可能性もあるのではないかと考えられる．

　第3に，《WLBに関する職場風土》カテゴリーから〈就業継続意図〉を含む《結果》カテゴリーに対しては，職場風土がWLBに支援的なものであるほど，就業継続意図に関わる要因が促進されるというように，正の関連があると考えられる．特に，表6-2からも分かるように，質的データからは，何かあればWLB支援制度を利用できるというような，「制度が利用できるという意識」や「制度があることでの安心感」といった〈制度が利用しやすい雰囲気〉が，「制度利用者の働きやすさ」という〈個人への効果〉を促進するような影響を与えているのではないかと考えられる．また，同様に表6-2のカテゴリー間の関係性を示すデータから，〈良好なコミュニケーション〉も，働きやすさにつながっていることが推測される．さらに，《WLBに関する職場風土》カテゴリーに関しては，上述の《結果》カテゴリーに対する直接的な影響のみならず，質的データから，表6-2および図6-1に示したように，以下のような関係性もあるのではないかと推測される．

　第4として，《WLBに関する職場風土》カテゴリーが，「《WLB支援制度》カテゴリーから《結果》カテゴリーへの関連」に対して，その影響を促進する可能性があると考えられる．つまり，職場風土がWLBに支援的なものであるほど，WLB支援制度が，就業継続意図に関わる要因に与える正の影響が大きくなるという関係性が考えられるということである．表6-2に示した質的データからは，制度の導入だけでなくそれを活用する基盤の必要性が認識されていることや，周囲のワーカーのサポートによって制度利用が促進され，働きやすさにつながっている例が見られることなどが分かる．特に，制度の導入だけでなくそれを活用する基盤の必要性という点に関しては，制度の導入当初は，制度自体があっても使いにくい，使っていいか分からないという雰囲気があったが，ロールモデルの存在などによってその雰囲気が変化し制度が活用される

ようになったという例からも，制度活用の基盤として，WLB に支援的な職場風土が重要なのではないかと考えられる．

　そして第5に，《WLB に関する職場風土》カテゴリーが，「《働き方》カテゴリーから《結果》カテゴリーへの関連」に対して，その影響を抑制する可能性があると考えられる．つまり，職場風土が WLB に支援的なものであれば，働き方に関わる要因である不規則な勤務体制や有給休暇取得の自由度の低さが，就業継続意図に関わる要因に与える負の影響が抑制されるのではないかということである．その点に関して，表6-2に示した質的データからは，特に，不規則な勤務体制の特徴的な点でもあるシフト勤務の交代時に，周囲のワーカーからの支援的な配慮や声掛けが見られ，それによって，ワーカーが苦労の低減を感じていることが分かる．周囲のワーカーからの支援的な配慮や声掛けなどは，WLB に支援的な職場風土を構成する要素にあたるため，それによってスムーズな勤務の交代が促進され，ワーカーの苦労の低減につながるということは，WLB に支援的な職場風土が，「不規則な働き方がワーカー個人の働きやすさに与える負の影響」を緩和すると考えられる．

第4節　分析結果の考察

　前節の質的データによる分析結果に関して，先行研究での示唆などを基に考察する．その上で，本章におけるリサーチ・クエスチョンである WLB に関わる要因（「WLB 支援制度」，「働き方」，「WLB に関する職場風土」）と，就業継続意図との関連に関して，質的分析から考えられる仮説を提示する．

1）「結果」カテゴリー内の概念間の関係性

　第1に，前節の分析においては，《結果》カテゴリーに分類される概念の中でも，図6-1に示したように，ワーカーの〈就業継続意図〉が，組織における〈就業継続〉につながるとしている．〈就業継続意図〉と〈就業継続〉に関

しては，本書において大きな目的変数だと捉えている重要な要因であるため，両者の関係性について，先行研究を基に整理する．

就業継続あるいは離職に関する多くの先行研究において，就業継続あるいは離職の意図（intention）と行動（behavior）とは，切り離された別々の要因（変数）として捉えられてきた．そして，就業継続や離職行動に最も直接的に影響を及ぼす要因として，就業継続・離職意図があると考えられてきた傾向がある[Atchison and Lefferts 1972; Steel and Ovalle 1984]．このような意図と行動との関連を示すモデルは，離職の研究に限ったことではなく，幅広い対象行動について，態度（attitude）と意図（intention），行動（behavior）との関連を指摘しているものとして，「計画的行動理論（theory of planned behavior）」に関する研究が知られている[Ajzen and Fishbein 1977; Ajzen 1991]．これは，「行動に対する態度（attitude toward the behavior）」と「主観的規範（subjective norm）」，「知覚された行動コントロール（perceived behavioral control）」の3つの要素が，「意図（intention）」に影響を及ぼし，その意図が「行動（behavior）」に影響を及ぼすという理論であり，この理論においては，対象となる行動を遂行することの容易さや困難さに関する人々の知覚や認知のことを指す「知覚された行動コントロール」が，一部，行動にも直接的に関連する可能性が示されているものの，基本的には，意図が他の3つの要素によって規定され，その意図が，行動に直接的に影響を及ぼすことが指摘されている[Ajzen 1991]．このように，就業継続や離職に対する意図は，実際の就業継続あるいは離職に直接的に影響を及ぼす可能性が高いため，それらを予測する上で重要な要因だと言える．したがって，本章の分析のように，ワーカーの〈就業継続意図〉が，組織における〈就業継続〉につながると考えられる．

第2に，本分析においては，〈入職者の増加〉という生成概念も，《結果》カテゴリーに分類される概念として，導出している．本書の大きな目的は，介護職の就業継続への影響を検討することにあるが，前節での概念に関する説明でも述べたように，この〈入職者の増加〉には，一旦調査対象の組織を離れた

ワーカーが，他の組織での勤務などを経験して，調査対象の組織のWLB支援の充実を実感したことで，再び当該組織に戻ってくる例を示す「離職者の再雇用実績」という下位概念も含まれる．これは連続した就業継続とは言えないが，長期的視野で捉えれば，組織にとっては，当該組織での勤務経験を持つワーカーを再び獲得できるため，スムーズな業務運営や人材育成など，得られる効果は，ワーカーが就業し続けている場合に得られる効果にほぼ等しいと考えられる．そこで，この〈入職者の増加〉という概念も，本カテゴリーに分類する概念として捉えることが妥当だと考える．

そして第3に，《WLB支援制度》や《働き方》，《WLBに関する職場風土》というWLBに関する要因（カテゴリー）が望ましい方向に変化することによって影響を受ける結果として，ワーカー個人の〈就業継続〉に止まらず，〈入職者の増加〉や，それらによる人手不足の解消や安定した組織運営などの〈組織への効果〉なども挙げられる可能性が示されたことは，本章における分析の重要な示唆だと考えられる．第3章第4節第1項においても述べたように，介護サービス分野においてはWLB支援制度への取り組みが現状として遅れており，その背景には，慢性的な人材不足や短期的なコスト面への不安から，積極的な制度導入への抵抗感があるのではないかと推測される．そのため，「長期的視点から考えれば，WLB支援に取り組むことで人材の就業継続を促進することが有益である」という認識が広がることが重要であり，本章における《結果》カテゴリーに分類される概念の豊富さは，それに対する1つの貢献につながると考えられる．

2）　各カテゴリー間の関係性

本章における質的データからは，《WLB支援制度》，《働き方》，《WLBに関する職場風土》というWLBに関わる各要因（カテゴリー）が，それぞれ〈就業継続意図〉を含む《結果》カテゴリーに対して関連を持つ可能性が，示唆されたと考えられる．しかし，その関連の仕方に関しては，それぞれの要因ごとに

具体的内容まで検討する必要性があることも，本章の分析から示される結果になったと考えられる．

　第1に，《WLB支援制度》カテゴリーに関しては，制度の種類の豊富さという制度自体の存在が，働いているワーカーの就業継続のみでなく，入職者の増加にも影響を及ぼす可能性が示された．入職者の増加という点に関連する先行研究として，武石［2006］は，業種を限らない企業全般を対象とした量的調査から両立支援策（制度導入の充実度，制度利用の環境整備の程度）が，採用パフォーマンス（応募者の増減）に与える影響を検証しており，制度導入の充実度に関しては応募者の減少の抑制に有意傾向が見られるものの，制度利用の環境整備の程度に関しては影響が見られないという結果を示している．その結果に対し，武石［2006］においては，制度利用の環境整備までは外部からの観察が難しいため，応募者の増減に影響を及ぼしていない可能性が指摘されている．本書の質的な分析結果からも，その傾向は見られ，制度自体の豊富さは，新たな入職者の増加につながるのではないかと考えられる．さらに，武石［2006］では，制度導入の充実度が応募者の減少抑制には効果がある傾向が見られる一方で，応募者の増加という積極的な方向への変化には有意な影響が見られないという結果も示されている．この点に関して，本書の対象である介護職においては，応募者が増えている傾向があるという積極的な方向性への変化も，質的データから見られた（表6-1）．介護職に関しては，女性ワーカーの割合が多いため，WLB支援制度の効果が大きく表れやすいということではないかと考えられる．

　第2に，《働き方》カテゴリーに関しては，不規則な勤務体制や有給休暇取得の自由度の低さという介護の職場に特有だと考えられる特徴とともに，シフト勤務におけるスムーズな交代や仕事終わりの上手な切り替え，それにともなう残業の少なさといった，働き方に対する工夫も見られた．そのような要素によって，〈就業継続意図〉を含む《結果》カテゴリーへの負の影響も緩和される可能性があるのではないかと推測される．これは，本書の調査対象が，

WLB 支援に先進的な介護サービス事業者であったことによる結果ではないか
と考えられる.

　そして第3に,《WLB に関する職場風土》カテゴリーに関しては,〈就業継
続意図〉を含む《結果》カテゴリーへの直接的な影響だけではなく,《WLB
支援制度》や《働き方》カテゴリーによる,《結果》カテゴリーへの影響を調
整する効果もあるのではないかという可能性が示唆された.《WLB 支援制度》
カテゴリーに関しては,第3章第4節第1項でも述べたように,Eaton［2003］
が WLB 支援制度が導入されているということだけでなく,その制度を「利用
できる」と認識することが個人への効果（組織コミットメント）に影響を与える
という結果を示している.Eaton［2003］による結果は,本書での分析に置きか
えて考えれば,〈制度が利用しやすい雰囲気〉という WLB に関する職場風土
が,直接的に,〈個人への効果〉という就業継続意図に関わる要因に影響を与
えるという結果と整合性があると考えられる.それに対し,前述の調整効果と
は,WLB に支援的な職場風土が醸成されていることで,WLB 支援制度が効
果的に活用されるようになり,就業継続意図などの結果につながることを指す.

　この調整効果という点に関連して,ソーシャル・サポート（social support）研
究における知見について触れる.Barrera［1986］によれば,ソーシャル・サ
ポート研究における,ソーシャル・サポートの概念の操作化には,「社会的埋
め込み（social enbeddedness）」,「知覚されたソーシャル・サポート（perceived so-
cial support）」,「実行されたサポート（enacted support）」という3つの分類があ
る.そのうちの「知覚されたサポート」とは,つまり,必要な時にはサポート
を入手できると認知しているということを意味している.この概念を Lazarus
and Folkman［1984=1991］のストレスに関する認知的評価モデルにあてはめ,
第1次評価の段階において外部からの刺激がストレッサーだと判断された場合,
コーピングに関する自身の資源について考える第2次評価において,「知覚さ
れたサポート」が,ストレッサーからストレス反応への影響に対する緩衝効果
（影響を弱める調整効果）を発揮するという説明が先行研究において試みられた

[Cohen and Wills 1985; 稲葉・浦・南 1987]．本章における分析での《WLB に関する職場風土》カテゴリーにも，周囲のワーカーによるサポートに関する概念が生成されており，必要な時にはサポートが得られるだろうという意識が想起されることによっても，《WLB 支援制度》の効果的な活用の促進や，《働き方》の負の側面によるマイナス影響の緩和が起こっているのではないかと考えられる．

3） 仮説の生成

本章における質的データの分析から，WLB に関わる要因（「WLB 支援制度」，「働き方」，「WLB に関する職場風土」）と，就業継続意図との関連に関して考えられる仮説を，以下のように提示する．以下の仮説に関しては，次章において，量的データの分析によって検証することとする．

仮説① WLB 支援制度の充実は，就業継続意図を高める．

仮説② 働き方（負の側面）は，就業継続意図を低下させる．

仮説③ WLB に関する職場風土の醸成は，就業継続意図を高める．

仮説④ WLB に関する職場風土は，WLB 支援制度から就業継続意図への正の影響を促進する．

仮説⑤ WLB に関する職場風土は，働き方（負の側面）から就業継続意図への負の影響を抑制する．

おわりに

本章では，WLB 支援に先進的に取り組む介護サービス事業所を対象としたインタビュー調査によるデータを基に，「WLB 支援制度」，「働き方（負の側面）」，「WLB に関する職場風土」と，「就業継続意図」との関連について，質的に検討した．分析の結果，第1に，「WLB 支援制度」，「働き方（負の側面）」，

「WLBに関する職場風土」というWLBに関わる要因が，それぞれ望ましい方向に変化することによって，「就業継続意図」などが望ましい方向に変化する可能性が示唆された．第2に，「就業継続意図」を含む「結果」として，ワーカー個人の「就業継続意図」や就業継続そのものだけでなく，入職者の増加や最終的な組織への効果なども，質的データから見出された．そして第3に，「WLBに関する職場風土」に関しては，「就業継続意図」への直接的な影響だけではなく，「WLB支援制度」や「働き方」による，「就業継続意図」への影響を調整する効果もある可能性が示唆された．

　次章では，本章の分析による示唆を基に，「WLB支援制度」，「働き方（負の側面）」，「WLBに関する職場風土」というWLBに関わる要因と，「就業継続意図」との関連に関する仮説に関して，量的データの分析による検証を行う．

第7章
ワーク・ライフ・バランスから就業継続意図への影響に関する検証

　本章では，第6章において質的データの分析から導き出した，WLB に関わる要因（「WLB 支援制度」，「働き方」，「WLB に関する職場風土」）から，就業継続意図への影響に関する仮説について，量的データの分析によって検証を行う．

第1節　検証の目的と仮説

　本章においては，WLB に関わる要因から，就業継続意図への影響に関して検証するため，就業継続意図を従属変数，WLB 支援制度，働き方（負の側面），WLB に関する職場風土を独立変数とする量的分析を行う．分析にあたり，以下のように，仮説と検証モデル（図7-1）を提示する．なお，本章の分析では，WLB に関する職場風土からの影響に関して，より詳細に検討するため，第5章において導き出した構成概念（構成要素）の6項目（働く人の多様さ，良好なコミュニケーション，周囲のサポート，ロールモデル，制度が利用しやすい雰囲気，お互いさま意識）のそれぞれを，独立変数として分析対象とする．

　仮説①　WLB 支援制度の充実は，就業継続意図を高める．
　仮説②　働き方（負の側面）は，就業継続意図を低下させる．
　仮説③　WLB に関する職場風土の醸成は，就業継続意図を高める．
　仮説④　WLB に関する職場風土は，WLB 支援制度から就業継続意図への
　　　　　正の影響を促進する．
　仮説⑤　WLB に関する職場風土は，働き方（負の側面）から就業継続意図へ

図7-1 本章の検証モデル

（出所）筆者作成．

の負の影響を抑制する．

第2節 検証の方法

1) 分析データ

本章における分析では，「介護労働実態調査，2013（介護労働安定センター）」の労働者調査個票データを用いる．なお，本データは，東京大学社会科学研究所付属社会調査・データアーカイブ研究センター SSJ データアーカイブから提供を受けた．

本データの調査時期は，2013年10月1日から10月31日である．調査対象は，全国の介護保険サービス事業を実施する事業所のうち無作為に抽出された事業所に雇用される，介護にかかわる労働者（一事業所あたり上限3名）である．有効対象労働者数は5万1195人で，そのうち有効回答があったのは1万8881人であった（有効回答率：36.9%）．

本章の分析では，研究目的から，上述の有効回答のうち，調査において「主な仕事（職種）」に関して「介護職員（訪問介護以外の介護保険の指定介護事業所で働き，直接介護を行う者）」と回答しているサンプルを分析対象とした．さらに，そのうち，次項において述べる分析項目に関して欠損値があるサンプルは，分析対象から除くこととした．その結果，本分析におけるサンプルは，3935人であ

った．

2） 分析項目

（1）従属変数

　従属変数である就業継続意図として用いたのは，「今の勤務先にいつまで勤めたいですか」という，現在勤務している組織への就業継続についての意図に関する質問項目である．回答方法は，「1＝半年程度」，「2＝1~2年程度続けたい」，「3＝3~5年程度続けたい」，「4＝6~10年程度続けたい」，「5＝働き続けられるかぎり」，「6＝わからない」という6件法であり，このうち，「6＝わからない」を欠損値として扱い，勤め続けたい年数が長いほど就業継続意図が強いという，5段階の変数として分析に用いた．

（2）独立変数

　独立変数に関しては，「WLB支援制度」，「働き方」，「WLBに関する職場風土」のそれぞれの要因について，第5章における質的分析から導き出された構成概念の内容を基に，以下のような質問項目を用いた．

　WLB支援制度　「WLB支援制度」に関しては，「あなたの働いている事業所では，以下の制度はありますか」という質問項目を用いた．制度の種類としては，「育児休業制度」，「育児のための短時間勤務制度」，「その他の育児関連支援制度（フレックスタイム，事業所内託児施設等）」，「介護休業制度」，「介護のための短時間勤務制度」，「その他の介護支援関連制度（フレックスタイム，利用する介護サービス費用の助成等）」，「育児や介護が理由で退職した者のための再雇用制度」，「育児・介護以外の理由でも利用できる短時間勤務制度」の8項目が挙げられている．本章の分析においては，上記8つの制度のうち，導入されていると認知している制度の数（合計）を，制度の豊富さを示す変数として用いることとした．

　働き方　「働き方」に関しては，「①不規則な勤務体制」に関する内容として

「深夜勤務はありますか」と「労働条件・仕事の負担：労働時間が不規則である」という項目を，「②残業・交代時の切り替え」に関する内容として「残業や休日出勤が少ない（逆転項目）」という項目を，「③有休取得の自由度の低さ」に関する内容として「労働条件・仕事の負担：有給休暇が取りにくい」という項目を用いた．すべてダミー変数であり，逆転項目に関しては処理を行った．これらの項目から，主成分分析により，合成変数を作成し，それを「働き方」の負の側面を示す変数として，分析に用いることとした．主成分分析の結果，第 1 成分の寄与率が37.5％，第 2 成分の寄与率が23.0％と，第 2 成分までの累積寄与率が60.5％となり，1 個の成分が抽出された．抽出された第 1 成分の成分行列において，上記 4 項目のすべてに関してプラスの負荷量が確認された（「深夜勤務はありますか (0.629)」，「労働条件・仕事の負担：労働時間が不規則である (0.677)」，「残業や休日出勤が少なくない (0.511)」，「労働条件・仕事の負担：有給休暇が取りにくい (0.621)」）．そこで，抽出された第 1 成分の得点を「働き方」の変数として分析に用いた．

　<u>WLB に関する職場風土</u>　「WLB に関する職場風土」に関しては，第 5 章において質的分析によって導出した構成概念を基に，次のように分析項目を選択した．「①働く人の多様さ」に関する変数として「女性の先輩や管理職が多くいる（ダミー変数）」という 1 項目を，「②良好なコミュニケーション」に関する変数として「仕事の満足度：職場の人間関係，コミュニケーション（『1 ＝不満足』～『5 ＝満足』の 5 件法）」という 1 項目を，「③周囲のサポート」に関する変数として「職場の人間関係：悩みの相談相手・相談窓口がいない（逆転項目，ダミー変数）」と「過去 1 年の仕事上の能力向上のための上司や同僚による指導・アドバイスの程度（『1 ＝全くしてくれなかった』～『4 ＝よくしてくれた』の 4 件法）」という 2 項目を，「④ロールモデル」に関する変数として「仕事と子育てを両立しながら働き続ける女性が多くいる（ダミー変数）」という 1 項目を，「⑤制度が利用しやすい雰囲気」に関する変数として「育児休業制度等子育てと両立支援の制度が活用できる雰囲気がある（ダミー変数）」という 1 項目を，「⑥お互い

さま意識」に関する変数として「従業員の個人的な生活時間の確保に配慮する雰囲気がある（ダミー変数)」という1項目を，それぞれ分析に用いた．逆転項目に関しては処理を行った．また，「③周囲のサポート」に関しては，該当する2項目から，主成分分析により合成変数を作成し，分析に用いることとした．主成分分析の結果，第1成分の寄与率が60.4％となり，1個の成分が抽出された．抽出された第1成分の成分行列において，上記2項目の両方に関してプラスの負荷量が確認された（「職場の人間関係：悩みの相談相手・相談窓口がいる(0.777)」,「過去1年の仕事上の能力向上のための上司や同僚による指導・アドバイスの程度 (0.777)」)．そこで，抽出された第1成分の得点を「③周囲のサポート」の変数として分析に用いた．

（3）統制変数

以上の変数に加えて，統制変数として，年齢，性別（「男性＝1，女性＝0」のダミー変数)，配偶関係（「既婚＝1，未婚・離死別＝0」のダミー変数)，生計維持者である程度（「1＝自分以外　2＝折半　3＝自分」の3件法)，雇用形態（「正規職員＝1，非正規職員＝0」のダミー変数)，仕事経験年数，勤続年数，1週間の労働時間数（通常時)，賃金（賞与は除き，残業代・休日出勤手当・交通費等を含む，通常月の税込み月収)，採用後（一定期間）の指導担当者の有無（「あり＝1，なし＝0」のダミー変数)，個別的職務満足（8項目，各々「1＝不満足〜5＝満足」の5件法）を分析に用いた．個別的職務満足の内容に関しては，「仕事の内容・やりがい」,「キャリアアップの機会」,「賃金」,「人事評価・処遇のあり方」,「職場の環境」,「雇用の安定性」,「福利厚生」,「教育訓練・能力開発のあり方」の8項目である．

第3節　分析結果

1）記述統計および相関分析

まず，分析に用いたデータについて，統制変数である個人属性に関する特徴

を概観する．性別に関しては，男性の割合が27.2％，女性の割合が72.8％と，介護職場の特徴である女性の多さが反映されたサンプルとなっている傾向が見られる．配偶関係に関しては，既婚が56.4％，未婚・離死別が43.6％と，配偶者がいる割合の方が若干多い．生計維持者である程度に関しては，自分以外が生計維持者である割合が47.1％と最も多く，折半している割合が13.0％，自分が生計維持者である割合が39.9％であった．雇用形態に関しては，正規職員が70.4％，非正規職員が29.6％と，約7割が正規職員であった．

次に，分析に用いた従属変数および独立変数に関する記述統計を**表7-1**に示す．従属変数である「就業継続意図」に関しては，5段階尺度において平均値が3.92と若干高い傾向にあった．回答の分布に関しても，「1＝半年程度」が7.1％，「2＝1〜2年程度続けたい」が14.1％，「3＝3〜5年程度続けたい」が16.1％，「4＝6〜10年程度続けたい」が5.3％，「5＝働き続けられるかぎり」が57.4％と，現在の組織における長期的な就業継続を考えている割合が高い傾向が見られた．

従属変数と独立変数間の相関分析の結果を**表7-2**に示す．従属変数である就業継続意図は，WLB支援制度およびWLBに関する職場風土のすべての構成要素との間に正の相関が，働き方との間に負の相関が確認された．

2）　重回帰分析

本章の仮説を検証するため，就業継続意図を従属変数とする階層的重回帰分析を行った．結果を**表7-3**に示す．まず，就業継続意図に対する独立変数の直接効果を確認するため，第1ステップとして，統制変数と，独立変数であるWLB支援制度，働き方，WLBに関する職場風土の6項目（働く人の多様さ，良好なコミュニケーション，周囲のサポート，ロールモデル，制度が利用しやすい雰囲気，お互いさま意識）を投入した結果が，**表7-3**におけるモデル1である．次に，WLBに関する職場風土の調整効果を確認するため，第2ステップとして，統制変数と独立変数に加え，WLB支援制度と，WLBに関する職場風土の各項

第7章　ワーク・ライフ・バランスから就業継続意図への影響に関する検証　　*113*

表7-1　分析に用いた変数に関する記述統計

	度数	最小値	最大値	平均値	標準偏差
従属変数					
就業継続意図	3935	1	5	3.92	1.39
独立変数					
WLB 支援制度	3935	0	8	2.10	2.16
働き方（主成分）	3935	-1.43	2.23	0.00	1.00
WLB に関する職場風土					
働く人の多様さ	3935	0	1	0.42	0.49
良好なコミュニケーション	3935	1	5	3.50	1.06
周囲のサポート（主成分）	3935	-3.56	0.87	0.00	1.00
ロールモデル	3935	0	1	0.43	0.50
制度が利用しやすい雰囲気	3935	0	1	0.29	0.45
お互いさま意識	3935	0	1	0.40	0.49
統制変数					
年齢	3935	17	75	40.95	11.79
性別（男性＝1，女性＝0）	3935	0	1	0.27	0.45
配偶関係（既婚＝1，未婚・離死別＝0）	3935	0	1	0.56	0.50
生計維持者である程度	3935	1	3	1.93	0.93
雇用形態（正規＝1，非正規＝0）	3935	0	1	0.70	0.46
仕事経験年数	3935	0	35	6.77	5.27
勤続年数	3935	0	35	4.69	4.55
1週間の労働時間数	3935	1	98	38.52	9.59
賃金（通常月の税込み月収）	3935	6400	893200	184600.25	65875.27
採用後の指導担当者有無（あり＝1，なし＝0）	3935	0	1	0.59	0.49
個別的職務満足					
仕事の内容・やりがい	3935	1	5	3.65	0.93
キャリアアップの機会	3935	1	5	3.07	0.92
賃金	3935	1	5	2.56	1.03
人事評価・処遇のあり方	3935	1	5	2.91	0.98
職場の環境	3935	1	5	3.33	1.05
雇用の安定性	3935	1	5	3.39	0.99
福利厚生	3935	1	5	3.11	1.03
教育訓練・能力開発のあり方	3935	1	5	2.91	0.93

（出所）筆者作成.

表7-2　従属変数および独立変数における相関係数

	1.	2.	3.	4.	5.	6.	7.	8.
1. 就業継続意図	—							
2. WLB支援制度	.142 ***	—						
3. 働き方	-.146 ***	.057 ***	—					
4. 働く人の多様さ	.065 ***	.143 ***	.023	—				
5. 良好なコミュニケーション	.276 ***	.082 ***	-.165 ***	.128 ***	—			
6. 周囲のサポート	.264 ***	.109 ***	-.164 ***	.127 ***	.416 ***	—		
7. ロールモデル	.127 ***	.188 ***	-.086 ***	.247 ***	.176 ***	.151 ***	—	
8. 制度が利用しやすい雰囲気	.142 ***	.323 ***	-.103 ***	.174 ***	.173 ***	.160 ***	.378 ***	—
9. お互いさま意識	.182 ***	.068 ***	-.248 ***	.060 ***	.249 ***	.217 ***	.161 ***	.202 ***

$*p < .05$，$**p < .01$，$***p < .001$

（出所）筆者作成.

目との交互作用項を投入した結果がモデル2-1（表7-3），同様に，働き方と，WLBに関する職場風土の各項目との交互作用項を投入した結果がモデル2-2（表7-3）である.

　なお，独立変数と交互作用項との多重共線性の発生を防ぐため，ダミー変数および主成分分析により作成した変数以外の変数に関しては，中心化処理を行った上で，分析に用いた．また，重回帰分析を行うにあたり，独立変数ならびに統制変数のVIF（Variance Inflation Factor）を算出し，多重共線性の問題が発生していないことを確認した.

　重回帰分析の結果，第1に，就業継続意図への直接効果（モデル1）に関しては，WLB支援制度は有意な正の影響を，働き方（負の側面）は有意な負の影響を及ぼすことが確認された．これらの結果から，仮説①と仮説②は支持されたと考えられる．そして，WLBに関する職場風土においては，6項目の構成要素のうち，周囲のサポートとお互いさま意識の2項目に関して，就業継続意図への有意な正の影響が確認された．この結果から，仮説③に関しては，部分的に支持された（周囲のサポート，お互いさま意識）と考えられる.

第7章　ワーク・ライフ・バランスから就業継続意図への影響に関する検証　　*115*

表7-3　就業継続意図を従属変数とする階層的重回帰分析の結果

	モデル1 標準化係数β	モデル2-1 標準化係数β	モデル2-2 標準化係数β
統制変数			
年齢	.057 **	.060 **	.054 **
性別（男性＝1，女性＝0）	.012	.012	.011
配偶関係（既婚＝1，未婚・離死別＝0）	.071 ***	.071 ***	.073 ***
生計維持者である程度	.066 ***	.066 ***	.067 ***
雇用形態（正規＝1，非正規＝0）	.061 **	.061 **	.061 **
仕事経験年数	.047 *	.046 *	.046 *
勤続年数	.076 ***	.075 ***	.075 ***
1週間の労働時間数	-.027	-.026	-.025
賃金（通常月の税込み月収）	-.015	-.015	-.015
採用後の指導担当者有無（あり＝1，なし＝0）	-.013	-.014	-.014
個別的職務満足			
仕事の内容・やりがい	.134 ***	.133 ***	.132 ***
キャリアアップの機会	.056 **	.058 **	.056 **
賃金	-.009	-.008	-.010
人事評価・処遇のあり方	.082 ***	.081 ***	.082 ***
職場の環境	.120 ***	.119 ***	.119 ***
雇用の安定性	.030	.030	.031
福利厚生	.048 *	.048 *	.046 *
教育訓練・能力開発のあり方	.017	.017 ***	.015
独立変数			
WLB支援制度	.050 **	.072 **	.050 **
働き方	-.047 **	-.048 **	-.104 ***
WLBに関する職場風土			
働く人の多様さ	.004	.004	.005
良好なコミュニケーション	-.012	-.012	-.011
周囲のサポート	.088 ***	.088 ***	.091 ***
ロールモデル	.016	.016	.017
制度が利用しやすい雰囲気	.003	.008	.003
お互いさま意識	.034 *	.035 *	.039 *
交互作用			
WLB支援制度×働く人の多様さ		-.019	
WLB支援制度×良好なコミュニケーション		-.020	
WLB支援制度×周囲のサポート		.009	
WLB支援制度×ロールモデル		.013	
WLB支援制度×制度が利用しやすい雰囲気		-.024	
WLB支援制度×お互いさま意識		-.003	
働き方×働く人の多様さ			-.004
働き方×良好なコミュニケーション			-.011
働き方×周囲のサポート			-.017
働き方×ロールモデル			.049 *
働き方×制度が利用しやすい雰囲気			-.009
働き方×お互いさま意識			.050 *
R^2	.226 ***	.227 ***	.229 ***
$\varDelta R^2$		.001	.003 *

従属変数：就業継続意図　　*p < .05，**p < .01，***p < .001

（注）モデル2-1および2-2における$\varDelta R^2$はともに，モデル1におけるR^2からの変化量である.
（出所）筆者作成.

第2に，WLBに関する職場風土の調整効果に関して，WLB支援制度との交互作用については，**表7-3**のモデル1からモデル2-1への決定係数（R^2）の変化量（$\triangle R^2$）が有意な値となっておらず，交互作用項を確認しても，いずれも有意な結果は得られなかった．したがって，仮説④に関しては不支持という結果になった．一方，働き方（負の側面）との交互作用に関しては，WLBに関する職場風土の構成要素の中でも，「ロールモデル」および「お互いさま意識」について，就業継続意図への有意な影響が確認された．

階層的重回帰分析において有意な結果が確認された，「働き方とロールモデル」および，「働き方とお互いさま意識」それぞれの交互作用に関して，その内容を確認するため，さらなる分析を行った．サンプルを「ロールモデルあり群・なし群」，「お互いさま意識あり群・なし群」それぞれに分割した上で，就業継続意図に対する働き方（負の側面）の影響を検討するための重回帰分析を行った．結果を**表7-4**に示す．

分析の結果，まずロールモデルに関しては，あり群においては，就業継続意図に対する働き方の有意な影響は確認されなった一方で，なし群においては，働き方の有意な負の影響が確認された．つまり，ロールモデルを職場に持っていない場合は，働き方の負の側面が就業継続意図を低下させるが，ロールモデルがいる場合には，その影響が見られないということである．次に，お互いさま意識に関しても，あり群においては，就業継続意図に対する働き方の有意な影響は確認されなった一方で，なし群においては，働き方の有意な負の影響が確認された．したがって，お互いさま意識に関しても同様に，職場にそのような意識がない場合には働き方の負の側面が就業継続意図を低下させるものの，お互いさま意識がある場合にはその影響が見られないということである．これらの結果から，仮説⑤に関しては，部分的に支持された（ロールモデル，お互いさま意識）と考えられる．

第7章 ワーク・ライフ・バランスから就業継続意図への影響に関する検証　*117*

表7-4　就業継続意図への働き方の影響に関する重回帰分析結果

	ロールモデル		お互いさま意識	
	あり(n＝1709) 標準化係数 β	なし(n＝2226) 標準化係数 β	あり(n＝1592) 標準化係数 β	なし(n＝2343) 標準化係数 β
統制変数				
年齢	.006	.074 **	.008	.062 **
性別（男性＝1，女性＝0）	-.009	.028	.000	.020
配偶関係 　（既婚＝1，未婚・離死別＝0）	.081 **	.070 **	.074 **	.078 ***
生計維持者である程度	.089 **	.061 **	.094 **	.056 **
雇用形態（正規＝1，非正規＝0）	.045	.076 **	.090 **	.054 *
仕事経験年数	.075 *	.040	.052	.055 *
勤続年数	.036	.098 ***	.000	.117 ***
1週間の労働時間数	-.033	-.028	-.045	-.028
賃金（通常月の税込み月収）	-.002	-.019	-.010	-.025
採用後の指導担当者有無 　　　（あり＝1，なし＝0）	-.009	.013	.016	.001
個別的職務満足				
仕事の内容・やりがい	.100 ***	.173 ***	.107 ***	.155 ***
キャリアアップの機会	.085 **	.045	.097 **	.040
賃金	.004	-.011	-.034	.014
人事評価・処遇のあり方	.117 ***	.073 **	.064 *	.103 ***
職場の環境	.115 ***	.132 ***	.098 **	.126 ***
雇用の安定性	.077 *	.002	-.004	.050 *
福利厚生	.066 *	.036	.089 **	.039
教育訓練・能力開発のあり方	-.045	.095 **	.019	.047
独立変数				
働き方	-.012	-.079 ***	-.008	-.054 **
R²	.173 ***	.237 ***	.133 ***	.235 ***

従属変数：就業継続意図　　　*p < .05，**p < .01，***p < .001

（出所）筆者作成.

第4節　検証結果の考察

　本章における検証結果からは，第1に，就業継続意図に対する直接効果として，WLB 支援制度による正の影響，働き方（負の側面）による負の影響，WLBに関する職場風土の構成要素である周囲のサポートとお互いさま意識による正の影響が見られることを確認した．そして第2に，WLB に関する職場風土による調整効果に関して，WLB 支援制度から就業継続意図への影響に対しては調整効果が見られないことが確認されたとともに，働き方から就業継続意図への影響に対しては，職場風土の構成要素の中でも，ロールモデルとお互いさま意識について，働き方（負の側面）から就業継続意図への負の影響を抑制する可能性があることが確認された．

　まず，第1の分析結果の，就業継続意図への直接効果に関して考察する．WLB 支援制度については，本章における仮説の通り，WLB 支援制度が充実していることが就業継続意図を高めることが本分析から示唆された．この結果から，介護職場においても，第3章第4節第1項で述べた一般的な職場におけるWLB 支援制度に関する先行研究［Batt and Valcour 2003］の示唆と同様に，WLB 支援制度の導入が有用性を持つ可能性があると考えられる．

　また，働き方についても仮説の通り，勤務体制や休暇などに関する介護の職場特有の不規則さや不自由さが就業継続意図を低下させることが，分析結果から確認された．第3章第4節第2項でも述べたように，職種や業種に限らない一般的な先行研究［Greenhaus, Rabinowitz and Beutell 1989; Parasuraman, Purohit and Godshalk 1996; Kinnunen and Mauno 1998］においては勤務スケジュールの柔軟性やシフトワークなどの働き方に関する要因の個人への影響は限定的であった．それに対し，介護職と同様に深夜勤務などをともなうヒューマン・サービス職である看護職における先行研究［本間・中川 2002］では，働き方の影響がより強く表れる可能性が示唆されており，今回の分析結果の内容も，その結果に整

合的であると考えられる．この結果から，介護の職場特有の働き方に関する負の側面（不規則な勤務体制や有給休暇取得の自由度の低さなど）に対して，それを少しでも低減させるような対応策が求められることが指摘できる．

一方，WLB に関する職場風土に関しては，周囲のサポートとお互いさま意識という，構成要素の一部が就業継続意図を直接的に高める結果となった．周囲のサポートが就業継続意図への直接効果を示した点については，本分析における周囲のサポートの捉え方が影響している可能性が考えられる．本書においては，第5章の質的分析から，周囲のサポートを，周囲のワーカーから受ける情緒的サポートや道具的サポートと捉え，分析を行った．特に情緒的サポートに関する要素については，職場に悩みの相談相手がいるかどうかに関する項目を，道具的サポートに関する要素については，過去に実際に受けた仕事上のアドバイスに関する項目をそれぞれ用いて，変数を作成した．これらは，ソーシャル・サポート研究においては，知覚されたサポートに対して，サポートに関するネットワークや受容されたサポートと捉えることができると考えられる．知覚されたサポートに関しては，第6章第4節第2項でも述べたように，ストレッサーからストレス反応への影響に対する緩衝効果（影響を弱める調整効果）を発揮する可能性が指摘されてきた［Cohen and Wills 1985; 稲葉・浦・南 1987］．一方，個人に対する直接効果は，サポートのあり方を，サポートに関するネットワークとして操作的に捉えた場合に支持されやすいことが指摘されている［Cohen et al. 1985; 浦 1992］．したがって，本書の質的分析（第5章）において，周囲のサポートとして導き出された職場風土の構成要素（構成概念）は，ワーカー個人に直接的な効果を与える側面を持つサポート内容であったということではないかと考えられる．

就業継続意図への直接効果を示した，もう1つの構成要素であるお互いさま意識に関しては，WLB 支援に関する先行研究［佐藤・矢島 2014］においても，その重要性が指摘されている点である．本分析の結果により，職場におけるそのような意識が，ワーカー個人の就業継続意図にも直接的に影響を与える可能

性が示されたことは，先行研究における指摘の論拠の一端となるものであり，重要な意義を持つと考えられる．また，本書においては，第4章でも述べたように，組織風土に関する先行研究である Litwin and Stringer［1968=1974］を参考に，組織風土とは，喚起されるモチベーションの違いによって効果がある組織風土の内容（下位次元）の種類が異なるという仮説のもと，WLB に支援的な職場風土に関しては，「お互いさま意識」のもと相互に協力し合うという行為につながるモチベーションを喚起するものになるのではないかと推測していた．そのような点からも，お互いさま意識が個人の就業継続意図に直接的な影響を与えるという結果は，WLB に関する職場風土の醸成が，介護職の就業継続に対して効果を及ぼすという可能性を示唆するものだと考えられる．

　しかし，就業継続意図への直接効果が確認された職場風土の構成要素が，周囲のサポートとお互いさま意識の2つに止まったという分析結果に関しては，本書の第6章における質的分析結果から考察した，良好なコミュニケーションや制度が利用しやすい雰囲気が，特に，ワーカー個人の働きやすさに対して影響を与えるのではないかという推測と若干異なる内容になったと考えられる．その理由として，WLB に関する職場風土の構成要素（構成概念）どうしの関係性にも着目する必要性があることが挙げられるのではないかと推測する．本章の検証においては，WLB に関する職場風土からの影響に関して，より詳細に検討するという目的のもと，質的分析によって導出した職場風土の構成概念（構成要素）の6項目（働く人の多様さ，良好なコミュニケーション，周囲のサポート，ロールモデル，制度が利用しやすい雰囲気，お互いさま意識）のそれぞれを，独立変数として等しく扱った．前述のように，直接効果が確認された「お互いさま意識」という構成要素を，WLB に関する職場風土において，価値観的中核を担う，特に重要な概念と捉えるならば，職場風土を構成する他の概念がお互いさま意識を醸成し，それが就業継続意図につながっている可能性があるのではないかと推測される．この点については，今後さらなる検討が必要だと考えられる．

そして，第2の分析結果の，WLB に関する職場風土による調整効果につい
て考察する．調整効果に関しては，働き方から就業継続意図への負の影響に対
して，ロールモデルとお互いさま意識が抑制する効果を持つ可能性が示唆され
た．ロールモデルに関しては，介護職と同じヒューマン・サービス職である看
護職を対象とした先行研究［本島ほか 2017］の分析においても，WLB への満足
感との関連性が指摘されている．ロールモデルを持つことで，不規則な勤務体
制や残業，有給休暇の取得などに関して，上手にコントロールしながら就業継
続する方法を観察学習することができ，そのような働き方の負の側面が就業継
続意図の低下につながることを阻止しているのではないかと推測できる．

　お互いさま意識に関しては，WLB に関する職場風土の構成要素の中で，唯
一，直接効果と調整効果（働き方に関してのみ）を確認できる結果となった．調
整効果に関しては，ロールモデルと同様に，働き方（負の側面）から就業継続
意図に対する負の影響を抑制する可能性が，分析結果から示唆された．

　改めて，お互いさま意識に関して，第3章第3節第2項でも述べたように，
日本における WLB 支援策は，仕事と家庭の両立支援のみではなく，すべての
労働者を対象として展開されている傾向がある［定塚 2008; 武石 2012］．本書に
おいても，対象とする介護職を家庭役割を持つ人のみに限定していないことか
ら，お互いさま意識とは，WLB のうちでも私生活であるライフに関して，必
ずしも家庭のみではなく，幅広い意味を持つ個人的生活の尊重が為されている
ことを指すと考えられる．第3章第4節第3項でも言及したように，介護の職
場には多様な背景や価値観を持つ人々が働いていることが推測される．したが
って，「お互いさま」に関しても，育児支援を中心とする WLB 支援制度の利
用に限定した相互協力ではなく，すべてのワーカーに関係する「働き方」に関
して，調整効果が見られたのではないかと考えられる．

　一方で，WLB 支援制度から就業継続意図への影響に対しては，WLB に関
する職場風土のいずれの構成要素に関しても調整効果が見られなかった．つま
り，今回の分析結果からは，WLB 支援制度に関しては，導入制度が充実して

いるほど個人の就業継続意図が強くなり，職場における運用状況や雰囲気など
には左右されにくい傾向が見られたと言えるだろう．この結果から，介護の職
場においては，女性ワーカーの多さから，WLB 支援制度の必要性や有用性が
高く，制度の導入そのものが大きな効果を与える可能性も考えられる．第 3 章
第 4 節第 1 項でも指摘した，介護サービス分野での WLB 支援制度導入の遅れ
に対して，本分析の結果は，重要な示唆につながると考えられる．

お わ り に

　本章では，大規模な量的データを基に，介護職における WLB に関する要因
(WLB 支援制度，働き方，WLB に関する職場風土）と，就業継続意図との関連につい
て検証した．分析の結果，第 1 に，就業継続意図に対する直接効果として，
WLB 支援制度は正の影響を，働き方（負の側面）は負の影響を与えることが確
認された．WLB に関する職場風土に関しては，構成要素である周囲のサポー
トと，お互いさま意識が正の影響を与えることが確認された．第 2 に，WLB
に関する職場風土の調整効果として，職場風土の構成要素であるロールモデル
と，お互いさま意識が，働き方から就業継続意図への負の影響を抑制する可能
性が示された．

　本章の分析結果から，介護職の就業継続意図に対して，WLB 支援制度，働
き方，WLB に関する職場風土のそれぞれが影響を与える可能性が示された．
次章では，それらの WLB に関わる要因に対して影響を与えると考えられる，
効果的なマネジメントのあり方に関して，どのような特徴が見られるのか検討
する．

第8章
ワーク・ライフ・バランスに支援的な職場環境を醸成するマネジメント

　本章では，ワーカーの就業継続意図に影響を与えると考えられる，WLBに関わる要因（「WLB支援制度」，「働き方」，「WLBに関する職場風土」）は，どのように形成されるのか，という問題意識から，マネジメントのあり方に着目する．インタビュー調査を基にした質的データから，「WLB支援制度」，「働き方」，「WLBに関する職場風土」というWLBに関わる要因に働きかけ，WLBに支援的な職場環境を醸成するマネジメントのあり方に関する検討を行う．

第1節　質的検討の目的

　第7章における量的データ分析による検証から，「WLB支援制度」ならびに「WLBに関する職場風土（一部の構成要素）」は，「就業継続意図」を直接的に高めることが，「働き方（負の側面）」に関しては，「就業継続意図」を直接的に低下させることが示唆された．さらに，「WLBに関する職場風土」に関しては，一部の構成要素が，「働き方」から「就業継続意図」への負の影響を抑制する可能性が示された．以上の内容から，「WLB支援制度」に関しては，導入が遅れている介護の職場においても有用性が高いと考えられるとともに，介護職に特有な「働き方」に関する負の側面に関しては，それを少しでも低減させるような対応策が求められると考えられる．また，「WLBに関する職場風土」に関しても，WLBに支援的な職場風土を醸成することが有効だと考えられる．

　本章における分析では，ワーカーの就業継続意図に関わる要因に影響を与え

ると考えられる．「WLB支援制度」，「働き方」，「WLBに関する職場風土」という WLB に関わる要因を形成するものとして，マネジメントに着目する．そこで，本章における分析では，「WLBに支援的な職場環境（『WLB支援制度』『働き方』『WLBに関する職場風土』）に影響を与えるマネジメントのあり方には，どのような特徴があるのか」という探索的リサーチ・クエスチョンに関して，質的検討を行うことを目的とする．

　つまり，第5章において，構成概念の生成を行った「WLB支援制度」，「働き方」，「WLBに関する職場風土」に関しては，それぞれが，介護サービス事業所の「職場環境」そのものに関して分析したものであるのに対し，本章における分析の視点は，介護サービス事業所の「職場環境を形作っているマネジメント」の構成概念とは何か，ということである．それにともない，次節「手続き」において述べる，「本章における分析に関連する主な質問項目」に関しても，第5章における分析とは，一部を除き異なっている．分析におけるカテゴリー化については，本章における分析の目的のもと，「WLB支援制度に関わるマネジメント」，「働き方に関わるマネジメント」，「WLBに関する職場風土に関わるマネジメント」という3つをカテゴリーとし，概念の分類を行う．

　なお，マネジメントに関しては，第4章第3節における概念整理と先行研究のレビューを参考に，考察を行う．各カテゴリーのマネジメント内容に関して考察する際，マネジメント（マネジャー）に関する，「トップ・マネジャー（top managers）」，「ミドル・マネジャー（middle managers）」，「ファーストライン・マネジャー（first-line managers）」という階層性についても参考とする．このようなマネジメントのレベルに関しては，それぞれのレベルにおけるマネジメントが担う役割や権限が及ぶ範囲が異なることが考えられる．

　トップレベルのマネジメントは，組織全体の政策や戦略を打ち立てるなど組織全体へのマネジメントを行うことになる［Stoner and Freeman 1992］．したがって，そのマネジメントによる機能は，組織システムとして反映されることが予想される．一方，ミドルレベルとファーストラインレベルのマネジメントは，

現場のワーカーに直接的に接する機会を持つ立場にあるという特徴を持つ[Stoner and Freeman 1992]．組織システムに反映されるトップのマネジメントを現場のワーカーに伝えていくことも必要であるが，ワーカーとの直接的な関わりの中で，マネジャー個人の判断や技能によってワーカーへのマネジメント機能を発揮する機会も多いことと考えられる．本書の目的である職場レベルにおけるマネジメントへの政策提言を，より有用なものにするため，本章における分析の目的である，「WLB 支援制度に関わるマネジメント」，「働き方に関わるマネジメント」，「WLB に関する職場風土に関わるマネジメント」というマネジメントの機能や目的という側面からの検討だけでなく，マネジメントのレベルの違いという側面も，検討の視点として加え，考察することとする．

第2節　質的検討の方法

1）　調査対象者
　本章では，第5章および第6章で用いた質的調査データと同じデータを用いて質的分析を行う．調査対象者は，表5-1に示した WLB 支援に先進的な介護サービス事業所（法人）のマネジャー層および現場ワーカーの13名である．調査協力を得られた介護サービス事業所（法人）のそれぞれにおいて，数名ずつに半構造化面接を実施した．

2）　調査時期
　インタビュー調査は，2017年6月から2018年3月にかけて実施した．

3）　手続き
　本章における分析に関連する主な質問項目は，「①事業所での両立（ワーク・ライフ・バランス）支援制度への取り組み経緯について」，「②両立（ワーク・ライフ・バランス）支援制度の運用状況」，「③両立（ワーク・ライフ・バランス）支援制

度導入に際しての苦労・工夫」,「④制度利用者の周囲のワーカーの反応」,「⑤ワーカーとマネジャーとのコミュニケーション上の工夫」などである.これらの質問項目を中心に,より詳細な質問などを適宜加えながら,半構造的に面接を実施した.

実施にあたり,調査対象者の回答などのメモを取るとともに,調査対象者からの同意を得た上で,ICレコーダーにてインタビュー内容の録音を行った.なお,本調査に関しては,同志社大学「人を対象とする研究」に関する倫理審査委員会による承認(申請番号：17072)を得て実施している.

4) 分析方法

録音したインタビュー内容を文字化した上で,マネジメントに関連すると考えられるデータの切片化を行った.切片化したデータから,Glaser and Strauss のグラウンデッド・セオリー・アプローチにおける「オープン・コーディング」を参考に,下位概念の生成を行った [Glaser and Strauss 1967=1996; 木下 1999].

次に,「WLB支援制度に関わるマネジメント」,「働き方に関わるマネジメント」,「WLBに関する職場風土に関わるマネジメント」のそれぞれを,グラウンデッド・セオリー・アプローチにおける「カテゴリー(概念のグループ)」とし,データのコーディングによって生成された下位概念を,各カテゴリーに分類した.そして,各カテゴリーに分類された下位概念どうしを,類似性や相互の関連性を検討した上で統合,整理し,概念を生成した.

なお,本章第3節「質的検討の結果」および本章第4節「分析結果の考察」においては,生成された概念の名称を〈概念名〉と示すこととする.同様に,各カテゴリーの名称を《カテゴリー名》のように示す.

第3節　質的検討の結果

　質的分析の結果，WLB に関わる要因（「WLB 支援制度」，「働き方」，「WLB に関する職場風土」）のそれぞれに関わるマネジメント内容として，16の概念が生成された．それぞれのカテゴリーに分類される概念に関して，以下に説明する．

1）「ワーク・ライフ・バランス支援制度に関わるマネジメント」カテゴリー

　《WLB 支援制度に関わるマネジメント》カテゴリーに分類される概念としては，〈目的意識の明確化〉，〈仕組み作り〉，〈ニーズ・評価の把握〉，〈制度内容の更新〉の4つが生成された．生成された概念の一覧を表8-1に示す．それぞれの概念の内容に関して，以下に説明する．

　〈目的意識の明確化〉とは，WLB 支援体制の整備にあたって，明確な目的意識や体制整備の方針が形成されていることを示す概念である．その目的意識の内容としては，人のケアをするという介護の仕事の性質上，ケアの対象となる利用者の権利を保護したり，利用者に優しく接したりするためには，介護する側であるワーカーの権利も守られ満たされていなければならないという組織のトップの方針が反映されている傾向が見られた．また，専門職である一人一人のワーカーを貴重な資源だと捉え，働き続けられる環境を整えることがロスを防ぐことにつながり，人材育成の点からもコストを抑えられるという意識のもと，WLB 支援体制の整備に取り組まれている．体制整備の方針としては，「特別なことをしている」のではなく，「必要」であるから「普通」に取り組んでいるだけだと考えらえている様子も見られた．

　〈仕組み作り〉とは，WLB 支援体制に関して，組織全体として，法人主導で体制整備に取り組まれていることを示す概念である．しっかりとした「仕組み」として体制を整備し，運用することで，WLB 支援制度などの形骸化を防ぎ，活用できるものにしようという方針が確立されている傾向が見られた．ま

表 8-1 《WLB 支援制度に関わるマネジメント》カテゴリーの概念一覧

概念名	発言人数	概念の定義／下位概念	発言例（対象者 No.- コメント番号）
〈目的意識の明確化〉	6	WLB 支援体制整備に取り組むにあたって，明確な目的意識を形成すること． 体制整備の方針， トップの方針， 体制整備の動機	こちらでどこまでかわったらまわるようになるの？という，そういう考え方（A1-90），自分たちが満たされてないのに，介護される側に優しくできない（D1-45），対「人」というサービスであることもあって，その人が抜けること自身が，ある意味，喪失なんです（A1-92），安定してて自分のそれぞれのライフステージを超えながらも長く，愛着持って勤めてもらうようにしないと（C1-2），必要な人には残ってほしい（D1-40）
〈仕組み作り〉	6	WLB 支援制度の策定と，制度を形骸化させず活用するための，法人主導でのしっかりとした「仕組み作り」を行うこと． 制度に関する専門家への相談，仕組み作りの重要性の認識，法人主導での体制整備	制度に合致しているかどうかは社労士さんに相談させてもらったり（D1-24），仕組みで出来ないものは出来ないと言っている（A1-61），法人としても整備されていた（A2-13），制度として作ってしまわないと（時短などが）取れないということもあって（B1-5），会社，法人がそうやってあげて言ってくれているので，我々は職員さんにそれを落としやすい（B3-3）
〈ニーズ・評価の把握〉	4	WLB 支援制度に対するワーカーのニーズや評価を，把握すること． ニーズの把握，制度に対する評価の把握	ニーズがいくつか出されていて，それを課題として対応した（A1-8），年に1回とか2年に1回，職員のアンケートを取る（C1-5），体制，整備に関してはある程度確保されているという評価を（A1-56），制度に関しては，みなさん好評です（D1-13）
〈制度内容の更新〉	6	WLB 支援制度に対するワーカーのニーズや公的基準の変更に沿って，適宜，制度内容の変更を行うこと． ニーズの反映，制度の変更	ヒアリングもしながら，制度は決めていっている（B1-11），○○（法人名）としての（制度）内容も，職員の声も聞きながら成長し続けてるんです（B2-13），自分たちの会社だし，自分たちで制度を作ってよ（D1-50），制度がガラッと変わりました（A2-12），一番新しいものには改正している（D1-25）

（出所）筆者作成．

た，法的な制度内容に関する専門家への相談など，組織としての仕組み作りが徹底されている．

〈ニーズ・評価の把握〉とは，様々な方法で，WLB支援制度などに対するワーカーのニーズの把握が試みられていることを示す概念である．具体的な方法としては，アンケート調査の実施などが見られた．

〈制度内容の更新〉とは，設けられているWLB支援制度に対して，必要に応じて適宜変更を加えていることを示す概念である．WLB支援制度に対するワーカーの評価を把握し，それとともに上述の〈ニーズ・評価の把握〉によって得られたニーズなどを反映させ，WLB支援制度に適切な変更が加えられている傾向が見られた．また，ワーカーのニーズだけでなく，法律等によって示される一般的な基準も参考に，制度の変更が行われる．

2）「働き方に関わるマネジメント」カテゴリー

《働き方に関わるマネジメント》カテゴリーに分類される概念としては，〈余裕のある勤務体制作り〉，〈残業への対応〉，〈有休取得への対応〉，〈配置の工夫〉，〈制度利用者の勤務体制へのサポート〉，〈現場への臨機応変な対応〉，〈現場と管理側との調整機能〉の7つが生成された．生成された概念の一覧を**表8-2**に示す．それぞれの概念の内容に関して，以下に説明する．

〈余裕のある勤務体制作り〉とは，ワーカーの制度利用や日頃の業務内容を考慮して，勤務体制に余裕を持たせられるよう工夫することを示す概念である．具体的には，ワーカーの制度利用を見越した人事計画行ったり，日頃の業務内容において余裕を持たせた職務設計を行ったりすることが挙げられる．

〈残業への対応〉とは，ワーカーの残業が発生しないように，マネジャーがフォローしたり呼びかけたりしていることを示す概念である．マネジャー自身が現場に入って実務的フォローを行ったり，ワーカーの残業が是正されるよう呼びかけたりする取り組みが見られる．

〈有休取得への対応〉とは，ワーカーの有給休暇取得を促進するような取り

表8-2 《働き方に関わるマネジメント》カテゴリーの概念一覧

概念名	発言人数	概念の定義／下位概念	発言例（対象者No.-コメント番号）
〈余裕のある勤務体制作り〉	2	ワーカーの制度利用や日頃の業務内容を考慮して，勤務体制に余裕を持たせられるよう工夫すること． 制度利用を見越した人事計画，余裕のある職務設計	育休も含んで，そういう対応はできるように，人事計画は毎年策定している（A1-57），日々いろいろあるので，カチカチでやると，何かあった時に二進も三進もいかなくなる（A2-26）
〈残業への対応〉	2	ワーカーの残業が発生しないように，マネジャーがフォローしたり，呼びかけたりすること． マネジャーの実務的フォロー，残業の是正	管理業務とか事務労働が付け加わる職員，つまり職責者は，（残業が）多い（A1-65），現場に入ってフォローする（C3-18），「法で決められたものだから，家に持って帰ってまで仕事しないように」（C3-4）
〈有休取得への対応〉	2	ワーカーの有休取得を促進するような呼びかけをしたり，取得しても職場がまわるように取得時期の調整を行うこと． 有休取得の促進，順番での有休取得の調整	勤務表に余裕がある時は，「今月とか来月とか有休取ってもいいんだけど，どこか行ってきたら？」みたいな．そういう促しをするんです（C3-32），上司からも，例えば有休を率先して取るようにとか，「休みたい日あったら書いといてね」というふうに，休みやすい環境でもある（C4-19）
〈配置の工夫〉	5	介護の仕事の特性を考慮したワーカーの配置への配慮や，WLB支援制度利用者がいる場合の仕事のスムーズな運用のための配置の工夫． 異動の少なさ，代替要員の確保，制度利用者の配置への工夫	それほど異動はない（A1-9），一定期間の職員を確保する（A1-13），補充してます（D1-8），かたまらないようにという工夫（A1-42），時短勤務の人であったりとか，夜勤ができない人であったりとかというのが揃ってしまうと，勤務がまわらない（B2-6）
〈制度利用者の勤務体制へのサポート〉	5	制度利用者であるワーカーが働きやすいように，特別な勤務時間帯や業務内容の策定を行ったり，シフトへの柔軟な対応を行うこと． 制度利用者のための勤務内容，シフトへの柔軟な対応	そのために就業規則の中に時間帯を作って対応（A1-28），別の業務ラインを，育児休業している時短のために作っている（A1-107），子どもが落ち着くまで，熱が出たりして帰ったりというのも，しやすいような勤務を組んでくれている（A3-11），保育園に送ってきて，迎えに行く時間ぐらいということで（D1-5），上司に言ったら，「無理なんだったらいいよ」と言ってくれて（A3-37），8時に来て朝残業してもいいよという形を取ったり（C3-7），「休みを交代してもいいし，時間有休で対応しようか」（D2-15）

〈現場への臨機応変な対応〉	3	職場に制度利用者がいる場合，現場が混乱しないよう，状況に応じて裁量権の委譲を行うこと．	現場の裁量でまわります（A2-28），リーダーさん（現場ワーカー）が，私が抜けた分の動きを替えていくという指示をする（A3-18），１週間登園禁止のような病気にかかってしまうと〜〜職責者の方から（A2-29）
		現場への裁量委譲，状況に応じた権限者の設定	
〈現場と管理側との調整機能〉	6	現場ワーカーと組織のマネジメント側との間で，必要な情報を行き来させることで，両者の調整をすること．	上どうしとかで，意図であったりっていうのを話をして（C1-13），「こういう声は上がってます」というのは素直に所長たちには上げていかないと（B3-20），この人が抜けちゃうので異動の検討しとかないといけない（C1-18），私が聞いて，現場の管理者や〇〇さん（D2）とかに下ろす（D1-27）
		マネジャーどうしのコミュニケーション，縦ラインによる情報共有	

（出所）筆者作成．

組みが行われていることを示す概念である．具体的には，ワーカーに対して，タイミングを図って有給休暇の取得を勧めたり，ワーカーが有給休暇を取得しても現場がまわるように取得の時期を調整したりするなどの工夫が見られた．

〈配置の工夫〉とは，介護の仕事の特性を考慮したワーカーの配置への配慮や，WLB 支援制度利用者がいる場合の仕事のスムーズな運用のための配置の工夫などが見られることを示す概念である．介護の仕事の特性とは，ケアの対象である利用者との信頼関係の構築や，それぞれの利用者に合わせたケアの仕方の調整などが重要であるという点である．そのような介護の仕事の特性のために，基本的には異動が少ないのが介護の職場の特徴である．また，現場におけるスムーズな業務遂行のために，必要に応じて代替要員の確保を行ったり，短時間勤務制度などを利用するワーカーが同じ部署やフロアに集中しないように調整したりするという工夫も見られる．

〈制度利用者の勤務体制へのサポート〉とは，制度利用者であるワーカーが働きやすいようにサポートが行われていることを示す概念である．大きく分けると２種類の取り組みが挙げられる．１点目は，制度利用者のための勤務内容の策定で，制度利用者のための勤務時間や勤務内容の設定が行われていること

である．勤務時間に関しては，シフト勤務が中心であるため，いくつかの勤務
時間帯の設定がもともと見られるのであるが，その中に短時間勤務制度の利用
者のための時間帯が設定されているというサポートが見られる．勤務内容に関
しては，制度利用中のワーカーに対して，通常のルーティン業務とは異なるフ
ォロー的な立場での業務を設定するという工夫も見られた．それによって，制
度利用者であるワーカーが，家庭などの事情で急に職場を離れる必要が出た時
でも，現場に混乱が生じにくいとともに，ワーカー本人も気兼ねすることなく
仕事を離れることができる．2点目は，シフトへの柔軟な対応である．一旦組
み上げられたシフトに関して，育児等の家庭の事情によって急な変更が必要な
ワーカーがいる場合には，状況に応じてシフトを変更できるよう他のワーカー
との調整を図ったり，他のワーカーとの勤務時間の調整が必要ない事務作業等
の仕事についての作業時間帯はワーカーの都合に合わせて融通を利かせたりな
どのサポートが見られる．

　〈現場への臨機応変な対応〉とは，職場に制度利用者であるワーカーがいる
場合，急な事情で当該ワーカーが現場を抜ける事態などが発生しても，現場の
業務が滞らないよう，状況に応じて現場リーダー等（現場ワーカー）への裁量権
の委譲を行うことを示す概念である．それによって，状況の変化が起こっても，
現場で柔軟に対応できる体制が作られている例が見られた．

　〈現場と管理側との調整機能〉とは，制度利用状況などにともなう，現場の
業務運営等の現状や問題点に関して，現場にいるワーカーたちサイドと，組織
の立場からマネジメントするサイドとの間で必要な情報を行き来させながら，
両者の調整を行う機能を果たしていることを示す概念である．具体的には，必
要な情報を，組織におけるマネジメントの縦のラインでの情報共有によって上
層部に上げ，現場の必要性に合わせた改善を求めることや，マネジャーどうし
のコミュニケーションを図ることによって応援の要請などを図ることが見られ
る．

3）「ワーク・ライフ・バランスに関する職場風土に関わるマネジメント」カテゴリー

《WLB に関する職場風土に関わるマネジメント》カテゴリーに分類される概念としては，〈制度の周知〉，〈コミュニケーション〉，〈制度利用へのサポート〉，〈ロールモデルを増やすこと〉，〈周囲ワーカーへのフォロー〉の 5 つが生成された．生成された概念の一覧を表 8 - 3 に示す．それぞれの概念の内容に関して，以下に説明する．

〈制度の周知〉とは，導入されている WLB 支援制度に関して，周知方法の工夫をもって，ワーカーへの制度の周知が徹底されていることを示す概念である．具体的な周知の方法としては，WLB 支援制度に関しても記載されている就業規則をワーカー全員に配布したり，WLB 支援を中心とした福利厚生に関するガイドブックを毎年作成して配布したりというような「配布による周知」や，組織のトップのマネジメント集団からミドル，やがてワーカーに接する機会の多いファーストラインへと，マネジャーの会議などにおいて次々と周知が図られ，ワーカーへの伝達が行われるという「縦ラインによる周知」などが見られる．また，採用時の研修において WLB 支援制度の概要に関しての説明が行われたり，マネジャーへの研修において変更点などに関する説明が行われたりしている．

〈コミュニケーション〉とは，公式あるいは非公式な形で，ワーカーとのコミュニケーションを図っていることを示す概念である．具体的には，公式に設けられている定期的な面談や，それらの機会とは別に，現場のワーカーと直接関わる立場にいるマネジャーが，ワーカーからの WLB 支援制度利用に関する内容や仕事に関する内容の相談を受ける，「相談窓口」としての役割を果たしている．ワーカーからの制度利用の希望やそれに関する質問などに対して，最初の窓口となっている傾向が見られる．また，ワーカーにいちばん近い存在であるファーストライン・マネジャーだけでなく，ミドルレベルあるいはトップレベルにあるマネジャーがワーカーからの相談を受けるという，複数レベルの

表8-3 《WLBに関する職場風土に関わるマネジメント》カテゴリーの概念一覧

概念名	発言人数	概念の定義／下位概念	発言例（対象者No.-コメント番号）
〈制度の周知〉	11	様々な方法によって，ワーカーへのWLB支援制度内容の周知を徹底すること． 周知の徹底，周知方法の工夫，採用時の研修，マネジャーへの研修	こういう制度があって，こう活用できるよと言い続ける（A1-50），制度が変わったり，私が知らなかったことは全部教えてくれる（A3-21），福利厚生ガイドブックも職員全部に配布するようにしてます（B2-14），見直したところとか，確認して欲しいところは年に1回説明する（D1-46），育児休業についても載った就業規則を最初から全員に配布（A1-83），福利厚生ガイドブックというのを毎年作って〜〜職員に渡して（B1-2），新入職員には，一応おおよその概要は話します（A1-82），職責者だけの研修会（A1-86）
〈コミュニケーション〉	11	公式・非公式な形で，ワーカーからの相談を受けたり，フランクなコミュニケーションを持つこと． 定期的な面談，複数レベルの相談窓口，相談窓口としてのマネジャー，フランクなコミュニケーション	職員との懇談の機会は定期的に（A1-4），管理者や責任者が，月に1回面談してる（D1-29），管理者に言えないこともいっぱいあるのかなと，そういうところの受け皿になったらいいなという意味で，管理者のいないところで来て「どうですか？」みたいな話をしたり（B2-33），責任者や部長に言いにくいこと，面談している者には責任者に対する文句は言えないでしょ，そういうのは私が聞いてます（D1-30），職員からのファーストコンタクトは，職責と呼ばれている中間管理職が受けている（A1-46），（制度利用の予定が）分かった時点でだいたいみんなは相談に行く（C1-17），面談といっても，僕の場合はしゃべってこられるので…結構わぁーって「こうだこうだ」と言ってこられる（B3-25），すごく親身になって聞いてくれはるし，冗談も言えるし（B4-25），僕はいろいろ，プライベートの話とかが多い（D2-2）
〈制度利用へのサポート〉	10	制度の利用方法や復帰後の配置などに関して柔軟に対応したり，制度利用に関するアドバイスなどによって，ワーカーが制度を利用しやすいようサポートすること． 制度利用への個別対応，復帰後の配置への配慮，制度利用のアドバイス，休業中の情報提供	ここに載っているもの以外でも，できることであれば会社に申請を出して許可後にそういうことも対応できるということ（B2-10），個別で相談（D1-22），本人にとって希望を聞いた上で働きやすい環境を，こっちが「これはどう？」って提示して（B2-7），余計に不安なので極力同じところの同じ環境で戻してあげよう（D1-10），あなたがいなくなったからといってここがまわらなくなるということはないからと（A2-21），希望する人に対して説明を行い（C2-6），相談があったら〜〜「こういう制度があるから，いいんじゃない？」と（D2-1），会報誌を送ったり（D1-11）

〈ロールモデルを増やすこと〉	6	マネジャー自身が積極的に制度を利用したり，制度利用者を積極的に活用することで，ロールモデルを増やす役割を担っていること．	職責者自身が育児休業を取得している（A1-48），自分が取ることで，まわりも取れるんやでということが周知できる（B2-38），うまいこと自分の状態に合った働き方は，ずっとさせてもらってきました（C3-23），僕がきっと上司という立場で，こうやれば，取りやすいだろうなと（D2-14），もう少し融通がきけば，何か役割を担ってもらいたいなとは思う（A1-103），復帰して，時短かかってるんですけれども，マネジャーという役割に今就いてます（C1-22）
		ロールモデルとしてのマネジャー，制度利用者の積極的活用	
〈周囲ワーカーへのフォロー〉	4	制度利用者の周囲のワーカーに対して，不満を持たせないように情緒的・道具的・情報的サポートを行うこと．	お休みが増えてきたりという中で，人間関係のバランスも取っていかないと（B3-15），働きやすいふうにしてでも，人材確保してるっていうことを，やはりどこかで話したり（C3-12），「でもそれは，お互いさまだから，誰かがやったらいいんじゃないの？」という話をしたり（C3-15），先が見えてなかったら余計しんどいので，「今，こういう段階だしな…」みたいなところは言うようにしてます（B2-34），「次どうなりますよ」って，ある程度現場にも落としていかないと（B3-19），現場の声に応じて臨機応変に対応してる（B2-35），本当だったら1回で行けるのに2回に分けて行こうかとか（D1-34）
		人間関係のバランス維持，WLB支援の重要性に関する周囲ワーカーへの説得，周囲ワーカーとの面談，ワーカーへの見通しの情報共有，ワーカーの要望の吸い上げ，制度利用者がいる場合の職務再設計	

（出所）筆者作成.

相談窓口が機能している例も見られる．さらに，日頃のコミュニケーションにおいても，ワーカーの側から接しやすいと感じられている傾向が見られ，仕事やプライベートなど多様な話題に関してよく話したり，冗談も言い合えるなど，近しい存在としてコミュニケーションが取られている．

〈制度利用へのサポート〉とは，ワーカーが制度を利用しやすくなるための工夫によって，制度利用を促進するようなサポートのことを示す概念である．例えば，制度の利用方法に関して個別で柔軟に対応したり，復帰後の配置に関しても不安を少しでも取り除けるよう同じ部署やフロアで働けるようにしたりする配慮が見られる．また，制度の利用方法に関して，制度利用前や利用中に具体的なアドバイスなどを行う例が多く見られる．休業中のワーカーに対して，

会報誌の郵送などの情報提供を行うことによって，職場の雰囲気が伝わるように努める工夫も見られた．

〈ロールモデルを増やすこと〉とは，「WLB に関する職場風土」の構成要素でもあるロールモデルに関して，増やすことにつながっている取り組みを示す概念である．具体的には，1点目として，マネジャー自身が積極的に WLB 支援制度を利用したり，自身の WLB の充実を図ろうとしたりすることで，WLB の実践に関するロールモデルの役割を果たしている．その際の WLB の実践には，仕事が終わったら早く切り替えて帰ったり，休憩をしっかり取ったりなど，普段から行える取り組みも含まれている．また，2点目として，WLB 支援制度を利用しながら就業し続けるワーカーを，役職に就かせるなど積極的に活用することが挙げられる．

〈周囲ワーカーへのフォロー〉とは，職場に制度利用者がいる場合に，周囲のワーカーに対して行われるフォローやサポートのことを指す概念である．具体的な内容としては，制度利用者である特定のワーカーのシフトの変更や休みが増える中で人間関係のバランス維持を意識的に図ったり，周囲のワーカーとの個人的なコミュニケーションを通して WLB 支援の重要性に関して説得したりなどの情緒的サポートや，休業などの制度を利用するワーカーが出た場合に現場での職務再設計を行うなどの道具的サポート，現場ワーカーからの要望や問題点を吸い上げたり，それによって組織の上層部から下りてきた，要望や問題点に対する改善の見通しなどを，随時，現場のワーカーへ情報共有させていくという情報的サポートなどが見られる．

第4節　分析結果の考察

本章の分析においては，WLB に支援的な職場環境に影響を与えると考えられるマネジメント内容に関して，《WLB 支援制度に関わるマネジメント》，《働き方に関わるマネジメント》，《WLB に関する職場風土に関わるマネジメ

ント》のそれぞれのカテゴリーに分類した上で，概念の生成を行った．本章での分析に関して，第4章第3節におけるマネジメントに関する概念整理と先行研究のレビューを参考に，考察する．

1）「ワーク・ライフ・バランス支援制度に関わるマネジメント」の特徴

《WLB 支援制度に関わるマネジメント》カテゴリーに分類されるマネジメント内容に関しては，〈目的意識の明確化〉，〈仕組み作り〉，〈ニーズ・評価の把握〉，〈制度内容の更新〉の4概念が生成された．第5章の質的分析において生成された，「WLB 支援制度」における「制度の豊富さ」という概念は，あくまでも，「職場環境」としての制度の実態のことであり，本章の分析において生成された，これらの概念は，その実態（「制度の豊富さ」）に影響を与え，活用的なものにするために行われているマネジメントにあたるものである．これらのマネジメント内容に関して，以下に考察する．

第1に，《WLB 支援制度に関わるマネジメント》カテゴリーに分類されるマネジメント内容の特徴的な点として，WLB 支援体制整備に取り組むにあたって，明確な目的意識や方針が形成されており，WLB 支援制度を形骸化させないための仕組み作りが行われているということが挙げられる．これは，本書での調査対象である，介護サービス分野で効果的な WLB 支援を実践している事業所（法人）だからこそ導出された，特徴的な内容ではないかと考えられる．特に，WLB 支援体制整備に対しての目的意識の明確化がなされているという概念である〈目的意識の明確化〉に関しては，調査対象となったすべての事業所（法人）における，いずれかの調査対象者（インタビュイー）から確認されている．

表8-1の発言例からも分かるように，体制整備における目的意識の具体的な内容としては，ヒューマン・サービス職としての性質上，ワーカー自身も満たされている必要があることや，第1章第2節第2項でも触れたように，職場で積まれる経験が，介護の対象者（利用者）との信頼関係や介護の質も高める

ため，その組織で働き続けてもらうことが重要であること，そのためにも安定してそれぞれのライフステージを超えながら職場に長く愛着を持ってほしいということなどが挙げられ，現代における社会的要請という観点からだけでなく，組織内部での必要性の高さによって WLB 支援体制を整備しようという強い意識が感じられる．労働政策研究・研修機構［2007］の調査によると，調査対象である一般企業において，WLB 支援（「両立支援」）に取り組む理由として，最も回答率が高かったのは「法で定められているから（85.5%）」という回答で，次いで「企業の社会的責任を果たす（72.8%）」という回答が多い結果であった．この結果からは，一般企業においては，法令遵守や社会的責任などの観点からWLB 支援体制整備に取り組んでいる組織が多いという傾向も窺える．

　介護サービス分野においても，そのような法令順守や社会的責任という側面も重要だとは考えられるが，第3章第4節第1項においても述べたように，現状として WLB 支援制度の導入などが産業全体と比べて進んでいないことを考えると，本書の調査対象である介護サービス事業所（法人）のように，組織内部での体制整備の必要性の高さによって動機づけられることは，介護サービス分野全体での WLB 支援体制整備の促進に有効的につながるのではないかと考えられる．そして，本章での分析結果にも見られたような，WLB 支援体制整備に組織をあげて取り組み，法人主導でしっかりとした〈仕組み作り〉を行うことで，制度を形骸化させず活用しようという姿勢も，組織全体，あるいはトップにおける，そのような強い意識を反映したものだと考えられる．

　第2に，様々な状況の変化などに応じて，適宜，WLB 支援制度に変更が加えられているということが，《WLB 支援制度に関わるマネジメント》カテゴリーに分類されるマネジメント内容の特徴的な点として挙げられる．この内容に関わる概念としては，〈ニーズ・評価の把握〉と〈制度内容の更新〉がある．第1の特徴においても述べたように，本書の調査対象となった介護サービス事業所では，WLB 支援に関して，組織内部での体制整備の必要性の高さから，導入した制度を形骸化させず，有効に活用しようという姿勢が強く感じられた．

この，WLB 支援制度に関するニーズや評価の把握と，制度内容の更新につい
ても，制度の有用性を維持し，効果的に活用できるようにという動機が背景に
あるのではないかと考えられる．

　また，この2つの概念のうちでも，〈ニーズ・評価の把握〉に関しては，第
4章第3節第1項においても触れた Mintzberg ［1973＝1993］によるマネジャー
の役割の中でも，「情報関係の役割」グループにおける「モニター」に近いの
ではないかと考えられる．それによれば，「モニター」とは，自身がマネジメ
ントする組織や周囲の環境に起こっていることを捉えるため情報を探索し，得
た情報によって，変化や問題あるいは機会に関して察知する役割のことであり，
その際の情報の内容としては，「内部業務」，「外部のできごと」，「分析」，「ア
イディアとトレンド」，「プレッシャー」があるとされている．

　内部業務に関わるワーカーのニーズや，外部の情報である法的基準などに関
する情報を収集し，それらの変化に応じて，WLB 支援制度に変更が加えられ
ていると考えられる．そのようなマネジメントによって，WLB 支援制度その
ものというハード面と，利用方法の実態というソフト面との乖離を防ぎ，活用
しやすい WLB 支援制度が保たれているのではないかと推測される．

　そして第3に，《WLB 支援制度に関わるマネジメント》カテゴリーに分類
されるマネジメントに関する特徴的な点として，マネジメントのレベル（階層
性）の視点から，これらのマネジメント内容を捉えると，トップレベルにおけ
るマネジメントが中心であることが指摘できる．トップレベルにおけるマネジ
メントとは，組織全体に影響を及ぼすマネジメントであり，政策や戦略を立て
ることや，外部環境との相互作用に関することもその範疇であることが特徴で
ある ［Stoner and Freeman 1992］．

　また，第4章第3節第1項においても述べたように，Katz ［1974］の指摘に
よれば，マネジメント（マネジャー）のレベル（ファーストライン・マネジャー，ミ
ドル・マネジャー，トップ・マネジャー）によって，必要とされるスキルの種類（技
術的スキル，人間関係スキル，概念形成スキル）のそれぞれが占める割合が異なると

されている．そのうち，トップレベルにおけるマネジメントにおいて，特に必要とされるスキルの種類としては，「概念形成スキル（conceptual skill）」が挙げられるとも指摘されている．

《WLB 支援制度に関わるマネジメント》カテゴリーとして導出された内容は，制度を中心とする仕組み作りや，ニーズを踏まえた制度の変更など，組織全体に影響を及ぼすものであり，トップレベルにおけるマネジメントのあり方が，より重要である可能性が考えられる．WLB 支援制度の充実に関しては，組織全体をマネジメントする立場にあるマネジャーが果たすべき責任が大きくなることが推測される．

2）「働き方に関わるマネジメント」の特徴

《働き方に関わるマネジメント》カテゴリーに分類されるマネジメント内容に関しては，〈余裕のある勤務体制作り〉，〈残業への対応〉，〈有休取得への対応〉，〈配置の工夫〉，〈制度利用者の勤務体制へのサポート〉，〈現場への臨機応変な対応〉，〈現場と管理側との調整機能〉の7概念が生成された．これらのマネジメント内容に関して，考察する．

第1に，第5章の質的分析において「働き方」の構成要素として導出された，働き方に関する負の側面に対して，ワーカー個人に直接的に働きかける内容が見られたことが，特徴的な点として挙げられる．上述の概念の中でも，〈残業への対応〉，〈有休取得への対応〉がそれにあたると考えられる．また，〈制度利用者の勤務体制へのサポート〉に関しても，制度利用者であるワーカーを対象として，不規則な勤務体制の負の側面を緩和するようなマネジメントが見られたことを示している．

この中でも特に，介護職に特有だと考えられるマネジメント内容として，まず〈有休取得への対応〉がある．第5章の質的分析において，「働き方」の負の側面として有給休暇の取得への自由度の低さが導き出されていた．介護の職場は，24時間365日の運営が求められる場合に有給休暇が申請しづらい，ある

いは連休が取りにくいという傾向が見られるとともに，それによって，有給休暇の取得にあたっては，ワーカーどうしが順番で取ることが求められるという内容である．〈有休取得への対応〉とは，ワーカーに対して，有給休暇の取得を促進したり，順番で取得できるよう調整したりすることを意味するマネジメント内容であり，介護職が直面する有給休暇の問題に関して，その不自由さの低減につながるような取り組みである．

　そして，〈制度利用者の勤務体制へのサポート〉に関しても，介護職に特有だと考えられるマネジメント内容が含まれている．シフトへの柔軟な対応がそれにあたる．一旦組まれたシフトに関しては，変更するためには他のワーカーとの勤務時間の調整を必要とするが，家庭の事情などによって急な変更が必要なワーカーに対しては，そのようなシフトの調整が柔軟に行われている傾向が見られた．

　これらのワーカー個人に直接的に働きかけるような内容のマネジメントに関しては，マネジメントレベルの視点から検討すると，主に，ワーカーと直に接することになるファーストラインレベルやミドルレベルのマネジャーによって実行されていると考えられる．第4章第3節第2項における先行研究レビューでも述べたように，Thompson, Beauvais and Lyness［1999］によれば，ワーカーの離職意図に影響を及ぼす要因の1つとして，「管理職サポート（managerial support）」が挙げられている．これは，ワーカーと関わる管理職が，ワーカーの家庭責任に対してどの程度支援的かつ敏感であるかということを意味している．上述の介護職に特有だと考えられる取り組みに関しても，ワーカーと直接関わるマネジャー個人の理解や，ある程度の配慮がなければ，適切に実行することが難しいのではないかと考えられる．

　第2に，職場が，働きやすい環境になるよう，ワーカー個人に対してというよりも，現場の職場集団に対して働きかけていると考えられるマネジメント内容が導き出されたことが，特徴的な点として挙げられる．そのような概念としては，〈配置の工夫〉や〈現場への臨機応変な対応〉が挙げられる．これらの

マネジメント内容に関連する指摘として，Mintzberg によるマネジャーの役割に関する分類を，再び参考とする．Mintzberg［1973＝1993］によれば，マネジャーの役割に関しては「対人関係の役割」，「情報関係の役割」，「意思決定の役割」の３つグループに大きく分類できる．その中でも，「意思決定の役割」のグループには，「企業家」，「障害処理者」，「資源配分者」，「交渉者」という役割が含まれる．前述のマネジメント内容に関しては，「意思決定の役割」の中のいずれかに近いのではないかと考えられる．具体的には，〈配置の工夫〉については「資源配分者」，〈現場への臨機応変な対応〉については「企業家」という役割に，それぞれ近い概念だと考えられる．

「資源配分者」とは，組織における戦略の決定にともなって組織資源の配分システムを監督する役割のことである．〈配置の工夫〉という概念には，利用者と接する中で信頼関係を築くという介護の仕事の特性から異動を少なくしているという内容の他に，職場で制度利用するワーカーがいる場合に，代替要員を確保して人手の少なさをカバーしたり，負担が一部のワーカーに偏らないよう，短時間勤務制度などを利用するワーカーが同じ部署やフロアに集中しないようにしたりするマネジメント内容が含まれる．つまり，労働力という組織資源を，必要に応じて組織内部で配分し直したり，外部から新たに獲得したりというマネジメントが行われているのである．

また，「意思決定の役割」グループの中の「企業家」とは，組織における何らかの改善計画などの変革に関して，創発者と設計者の両方の機能を果たす役割のことである．その「企業家」役割に関しては，改善の必要性がある問題点の中でも重要度の低いものは部下に全権を委譲し，必要に応じて権限者を他の者に交替させることがあるとも指摘されている［Mintzberg 1973＝1993］．前述の〈現場への臨機応変な対応〉という概念は，制度利用者などのワーカーが，家庭の事情などにより急に職場を離れることになった場合，そのワーカーが担当していた業務のフォローなどに関して混乱が起こらないよう状況に応じて現場に裁量権を委譲したり，現場でカバーしきれない場合はマネジメント側が判断

第8章 ワーク・ライフ・バランスに支援的な職場環境を醸成するマネジメント 143

するという権限者の設定をしたりなどのマネジメント内容が含まれる．Mintz-berg が指摘する「企業家」の役割の一部のように，状況に応じた裁量権の委譲や権限者の設定も，スムーズな業務運営のためのマネジメントに求められる内容であると考えられる．

そして第3に，《働き方に関わるマネジメント》カテゴリーに分類されるマネジメントに関する特徴的な点として，〈現場と管理側との調整機能〉が見られたことが挙げられる．この点に関連すると考えられる指摘として，第4章での，WLB に影響を与えるマネジャーの特徴に関する先行研究のレビューにおいても述べたように，Hammer et al.［2007］は，WLB に支援的なマネジャーの行動に関して，4つの次元の必要性について言及しており，そのうちの1つとして，「ワーカー側と経営側の両方に win-win となる行動計画」を挙げている．これは，家庭生活などの私生活からの役割要求があるワーカーに対するサポートという視点と，経営側に立った視点との両方をあわせ持つことを意味しており，「二元的なアジェンダ（dual agenda）」という表現で言い表される行動を取るマネジメント内容のことである［Hammer et al. 2007］．

上述の〈現場と管理側との調整機能〉とは，現場ワーカーと組織のマネジメント側との間において，現場の状況や必要に応じて情報を行き来させることで，両者の調整を図るというマネジメント内容のことである．特に，職場に制度利用者がいる場合には，人手不足などによって勤務体制に関する不満や不安の声が，現場のワーカーから，マネジャーに届くことがある．そのような場合に，マネジメント側の上層部の方へと情報を上げ，改善を求めることになる．このような内容のマネジメントを適切に行うためには，Hammer et al.［2007］が指摘するような，二元的な視点を持つことが求められるのではないかと推測される．

さらに，このような調整機能を実際に果たすことになると推測されるのは，マネジメントのレベルの視点から捉えると，現場のワーカーと直接関わる機会の多い，ファーストラインレベルや，ミドルレベルのマネジャーであると考え

られる．また，その両者の間においても，スムーズな連携が図られることが必要となるだろう．

3）「ワーク・ライフ・バランスに関する職場風土に関わるマネジメント」の特徴

　《WLB に関する職場風土に関わるマネジメント》カテゴリーに分類されるマネジメント内容としては，〈制度の周知〉，〈コミュニケーション〉，〈制度利用へのサポート〉，〈ロールモデルを増やすこと〉，〈周囲ワーカーへのフォロー〉の5概念が生成された．これらのマネジメント内容に関して，以下に考察する．

　上述の概念の中でも，〈コミュニケーション〉に関しては，ワーカーと直接関わるマネジャーが，定期的な面談などの公式な形や，日頃の会話や相談などの非公式な形で，ワーカーからの相談窓口としての機能を果たしていることが示されている．また，フランクなコミュニケーションによって，ワーカーにとって接しやすく身近な存在でいることで，相談窓口としての役割をより効果的に果たしていることが考えられる．このような〈コミュニケーション〉が機能することによって，他のマネジメント内容も，円滑に行われているのではないかと推測される．また，Hammer et al. [2007] は，WLB に支援的なマネジャーの行動の4つの次元の1つとして「情緒的サポート」を挙げており，この〈コミュニケーション〉という機能が，その役割を果たしていると考えられる．

　そして，この〈コミュニケーション〉に関しては，マネジメントのレベルの視点から捉えると，ファーストラインからトップに至るまで，複数レベルにおいて相談窓口としての役割を担っている例も見られた．介護の職場に関しては，事業所単位で見ると小規模の組織であるところが多く，ワーカーが様々なレベルのマネジャーと接する機会もあることが，そのような複数レベルの相談窓口機能に関連していると考えられる．

　一方，〈制度の周知〉，〈制度利用へのサポート〉，〈ロールモデルを増やすこ

と〉，〈周囲ワーカーへのフォロー〉に関しては，WLB 支援において特徴的なマネジメント内容だと考えられる．その中でも，第 1 に，〈制度の周知〉に関しては，工夫された様々な方法によって，WLB 支援制度の内容に関する周知の徹底を図っているという内容である．これは，Mintzberg［1973＝1993］によるマネジャー役割の分類の中でも，「情報関係の役割」グループの中の「周知伝達役」に近い概念だと考えられる．この役割には，外部の情報を自身の組織に送り込むとともに，内部情報を部下へと伝えていくという機能が含まれる．〈制度の周知〉に関しては，WLB 支援制度の変更時などにミドル・マネジャーあるいはファーストライン・マネジャー層に対して研修を行い，制度内容や変更点に関するしっかりとした理解を促すという内容も含まれている．この点に関連する先行研究の指摘として，Staines and Galinsky［1992］は，上司であるマネジャーが自らの組織の育児休業制度に関する知識を十分に持っていない場合などに，制度の効果が見られない傾向にあることを示唆している．公式の研修によって，マネジャー層に制度内容や変更点などの理解を促すことは，Staines and Galinsky の指摘における，マネジャーによる WLB 支援制度の知識習得を，トップレベルのマネジメントである組織システムによって促進していると考えることができる．そして，制度の周知が徹底されることで，WLB 支援制度を利用するということが一般的な選択肢として認知され，「制度が利用しやすい雰囲気」につながるのではないかと推測される．

　上述の WLB 支援において特徴的なマネジメント内容に関して，第 2 に，〈制度利用へのサポート〉についても，「WLB に関する職場風土」における，「制度が利用しやすい雰囲気」の醸成につながるのではないかと推測される．〈制度利用へのサポート〉の内容に関しては，制度を利用するワーカーの不安感や抵抗感を軽減するため，復帰後の配置に配慮したり，実際の制度利用方法に関して，ルールに沿った対応だけでなく個別的に柔軟な対応がなされたりしていることがわかった．Hammer et al.［2007］によれば，WLB に支援的なマネジャーの行動の 4 次元の 1 つとして，「道具的サポート」が指摘されている．

上述のサポート内容は，実際の業務遂行に関して役立つものとして，道具的サポートに近いのではないかと考えられる．そして，〈制度利用へのサポート〉には，制度の利用方法に関するアドバイスや休業中の情報提供など，情報的サポートにあたると考えられる内容も含まれている．これらのサポートによって，制度利用に対するワーカーの不安感や抵抗感が軽減され，「制度が利用しやすい雰囲気」の醸成につながっているのではないかと推測される．

WLB 支援に特徴的なマネジメント内容として，第 3 に，〈ロールモデルを増やすこと〉という概念が挙げられ，これには，大きく 2 つの内容が含まれている．マネジャー自身が積極的に WLB の充実を実践してロールモデルの役割を果たすことと，WLB 支援制度利用者であるワーカーを積極的に役職などに登用してロールモデルになるようにすることである．前者に関しては，Hammer et al. [2007] が指摘する WLB に支援的なマネジャーの行動の 4 つの次元の 1 つとして「ロールモデルとしての行動」を挙げていることからも，重要な内容であると考えられる．

また，後者の，WLB 支援制度利用者の積極的活用に関しては，関連する先行研究の指摘として，Thompson, Beauvais and Lyness [1999] がある．それによると，ワーカーの離職意図に影響を与える，WLB に関連する要因の 1 つとして，「キャリアへの結果（career consequences）」が挙げられている．「キャリアへの結果」とは，WLB 支援制度の利用や家庭の理由によって仕事のペースを落とすことが，キャリアにどの程度ネガティブな結果を及ぼすかに関する程度のことである．WLB 支援制度を利用しながら働き続けるワーカーが役職などについて活躍することは，周囲のワーカーにおける「キャリアへの結果」に対する不安を軽減させることにつながるのではないかと考えられる．そのため，この〈ロールモデルを増やすこと〉というマネジメントによって，「WLBに関する職場風土」の構成要素である「ロールモデル」が強化，育成されるとともに，ワーカー個人の就業継続意図の高まりにもつながるのではないかと推測される．

第8章　ワーク・ライフ・バランスに支援的な職場環境を醸成するマネジメント　*147*

　そして第4に，〈周囲ワーカーへのフォロー〉という概念も，WLB支援において特徴的なマネジメント内容だと考えられる．さらに，この概念は，「WLBに関する職場風土」の中でも，特に「周囲のサポート」と「お互いさま意識」という構成要素に影響を与えるのではないかと推測される．〈周囲ワーカーへのフォロー〉に関しては，前節の分析結果においても述べたように，職場における人間関係維持のための情緒的サポートや，現場の人員が減った際の職務再設計という道具的サポート，現場ワーカーからの要望や問題点の吸い上げと改善の見通しなどに関する情報共有という情報的サポートと，幅広い側面からの，周囲ワーカーに対するフォローが見られる．

　この中でも，現場ワーカーからの要望や問題点の吸い上げや，それに対する改善の見通しなどに関する情報共有という点に関連して，細見［2014］は，職場にWLB支援制度利用者がいる場合に，それによる負担の増加などに関して苦情を申し立てることができるような制度が充実していれば，問題に対する対応が取られ，周囲のワーカーにもWLB支援制度が肯定的に受け止められる可能性があることを理論的検討から指摘している．それによれば，苦情処理制度が充実することによって，周囲ワーカーにとっての手続き的公正が高まるためだと述べられている．本分析で導出された〈周囲ワーカーへのフォロー〉に関しても，マネジャーが，制度利用者の周囲のワーカーに対して，WLB支援に対する理解を求めるための情緒的サポートなどだけでなく，不満につながるような要望や問題点に関して，受け止め，それによる改善に関してもこまめな情報共有を行っていることによって，それが「WLBに関する職場風土」の中の，「周囲のサポート」や「お互いさま意識」の醸成につながっているのではないかと推測される．

　そして，この〈周囲ワーカーへのフォロー〉に関しては，マネジメントレベルの視点から捉えると，ワーカーと直接関わる機会の多いファーストラインレベルやミドルレベルのマネジャーを中心に行われていると考えられる．また，ワーカーからの要望や問題点を受け止め，それに対する改善状況に関して情報

共有を行うという点に関しては，やはりファーストラインレベルやミドルレベルでのマネジメント内容である，《働き方に関わるマネジメント》カテゴリーの〈現場と管理側との調整機能〉と連動して行われている傾向が見られた．それらによって，周囲ワーカーが不満を抱く恐れのある職場環境が，実際に改善されうるのだと考えられる．このことから，制度利用者の周囲のワーカーに対するマネジメントに関しては，ファーストラインレベルやミドルレベルのマネジャーが担う役割が大きいことが推測される．

おわりに

　本章においては，WLB 支援に先進的に取り組む介護サービス事業所を対象としたインタビュー調査によるデータを基に，「WLB 支援制度」，「働き方」，「WLB に関する職場風土」という WLB に関わる要因に対して影響を与えるマネジメントのあり方に関して，どのような特徴が見られるのかという探索的リサーチ・クエスチョンのもと，質的分析を行った．分析の結果，「WLB 支援制度」に関わるマネジメント内容として，「目的意識の明確化」，「仕組み作り」，「ニーズ・評価の把握」，「制度内容の更新」という4つの概念が，「働き方」に関わるマネジメント内容として，「余裕のある勤務体制作り」，「残業への対応」，「有休取得への対応」，「配置の工夫」，「制度利用者の勤務体制へのサポート」，「現場への臨機応変な対応」，「現場と管理側との調整機能」という7つの概念が，「WLB に関する職場風土」に関わるマネジメント内容として，「制度の周知」，「コミュニケーション」，「制度利用へのサポート」，「ロールモデルを増やすこと」，「周囲ワーカーへのフォロー」という5つの概念が生成された．

第9章
介護職への効果的なワーク・ライフ・バランス支援の実現に向けて

　本書では，介護サービス分野における安定的な人材確保の必要性という問題意識のもと，介護職の就業継続に関わる要因として，WLB を取り上げ，検討を行った．WLB に関わる要因として，「WLB 支援制度」，「働き方」，「WLBに関する職場風土」に着目し，介護職を対象とした質的データならびに量的データから，それらの要因の，就業継続意図への影響に関して，検討ならびに検証した．そして，介護職場において，WLB に関わる要因（「WLB 支援制度」，「働き方」，「WLB に関する職場風土」）に影響を与える，効果的なマネジメントのあり方に関しても，質的データから検討を行った．

　本章では，まず，本書における質的分析ならびに量的分析からの結果に関して，整理を行うとともに，総合的な考察を行う．その内容を踏まえ，本書における学術的貢献である理論的インプリケーションと，政策的課題への貢献である実践的インプリケーションに関して述べる．

　さらに，本書において十分に取り扱うことができていないと考えられる内容に関して，本書の限界ならびに課題として整理する．そして，本書の成果を踏まえ，今後の研究における展望について述べる．

第1節　結果の整理

　本書では，介護職の WLB に関わる要因（「WLB 支援制度」，「働き方」，「WLBに関する職場風土」）に着目し，それらの要因がワーカーの就業継続意図に与える影響に関する検討ならびに検証，それらの要因に影響を与えると考えられるマ

ネジメントの特徴に関する検討を行った．本節では，第5章，第6章，第7章，第8章において行った質的分析および量的分析の結果に関して整理する．

第5章では，介護職におけるWLBに関わる要因，「WLB支援制度」，「働き方」，「WLBに関する職場風土」とは，具体的にどのような内容なのかという探索的リサーチ・クエスチョンのもと，WLB支援に先進的な介護サービス事業所へのインタビュー調査による質的データの分析を行った．特に，「WLB職場風土」に関しては，「WLB支援に先進的な事業所では，WLBに支援的な職場風土が醸成されているのか」，「醸成されているのであれば，どのような要素によって構成されているのか」という分析の視点のもと，より詳細に質的検討を行った．

その結果，「WLB支援制度」に関しては「制度の豊富さ」という1つの概念が，「働き方」に関しては「不規則な勤務体制」，「残業・交代時の切り替え」，「有休取得の自由度の低さ」という3つの概念が導出された．そして「WLBに関する職場風土」に関しては，WLB支援に先進的な介護サービス事業所では，WLBに支援的な職場風土が醸成されており，その構成要素として，「働く人の多様さ」，「良好なコミュニケーション」，「周囲のサポート」，「ロールモデル」，「制度が利用しやすい雰囲気」，「お互いさま意識」という6つの概念が，導き出された．

第6章においては，「WLB支援制度」，「働き方」，「WLBに関する職場風土」の3つの要因に関して，「就業継続意図」と，どのような関連があるのかという探索的リサーチ・クエスチョンに対して，WLBに支援的な職場風土が醸成されている介護サービス事業所を対象としたインタビュー調査データを基に，質的分析から検討を行った．その結果，「就業継続意図」を含む結果カテゴリーとして，実際にその職場で働いているワーカーの就業継続だけでなく，入職者の増加や最終的な組織への効果なども，質的データから導出された．

それを踏まえ，「WLBに関わる要因」と，個人や組織にとっての「結果」との関連について，第1に，「WLB支援制度」導入の充実は，ワーカーの就

業継続や入職者の増加に影響を及ぼす可能性が示された．第2に，「働き方」に関しては，不規則な勤務体制や有給休暇取得の自由度の低さという負の側面が，就業継続意図などを低下させる可能性が示唆された．第3に，「WLBに関する職場風土」に関しては，WLBに支援的な職場風土であるほど，就業継続意図などが高まることが推測された．さらに，「WLBに関する職場風土」については，個人や組織にとっての「結果」への直接的な影響だけでなく，「WLB支援制度」から就業継続意図などの「結果」への正の影響を促進する，あるいは，「働き方」から「結果」への負の影響を抑制するという調整効果もあるのではないかという可能性が，質的データによる分析から示された．

　第7章では，第6章における質的データ分析の結果から導き出された，WLBに関わる要因（「WLB支援制度」，「働き方」，「WLBに関する職場風土」）から，就業継続意図への影響に関する仮説について，量的データの分析によって検証を行った．仮説は，「仮説①：WLB支援制度の充実は，就業継続意図を高める」，「仮説②：働き方（負の側面）は，就業継続意図を低下させる」，「仮説③：WLBに関する職場風土の醸成は，就業継続意図を高める」という就業継続意図に対する直接効果に関する3点と，「仮説④：WLBに関する職場風土は，WLB支援制度から就業継続意図への正の影響を促進する」，「仮説⑤：WLBに関する職場風土は，働き方（負の側面）から就業継続意図への負の影響を抑制する」という「WLBに関する職場風土」による調整効果に関する2点であった．

　階層的重回帰分析の結果，就業継続意図に対する直接効果について，「WLB支援制度」に関しては，導入制度が充実しているほど就業継続意図が高まるという有意な正の影響が，「働き方」に関しては，勤務体制や休暇などに関する介護の職場特有の不規則さや不自由さが就業継続意図を低下させるという有意な負の影響が，「WLBに関する職場風土」に関しては構成要素の一部（周囲のサポート，お互いさま意識）が就業継続意図を高めるという有意な正の影響が確認された．以上の内容から，仮説①に関しては支持，仮説②に関しても支持，仮

説③に関しては一部が支持される結果となった.

　また,「WLB に関する職場風土」による調整効果に関しては,「WLB 支援制度」から就業継続意図への正の影響に対しては有意な結果が見られず,「働き方」の負の側面から就業継続意図への負の影響に対しては,構成要素の一部（ロールモデル,お互いさま意識）がその影響を抑制する効果が確認された.以上の内容から,仮説④に関しては不支持という結果,仮説⑤に関しては一部が支持される結果となった.

　そして第 8 章では,「WLB 支援制度」,「働き方」,「WLB に関する職場風土」という WLB に関わる要因（職場環境）に影響を与えると考えられるマネジメントのあり方に着目し,WLB 支援に先進的な介護サービス事業所へのインタビュー調査を基に,効果的なマネジメントの特徴に関する質的な分析を行った.分析の結果,「WLB 支援制度」に関わるマネジメント内容としては,「目的意識の明確化」,「仕組み作り」,「ニーズ・評価の把握」,「制度内容の更新」という 4 つの概念が生成された.これらのマネジメント内容の特徴的な点としては,第 1 に,WLB 支援体制整備に取り組むにあたって,明確な目的意識や方針が形成されており,WLB 支援制度を形骸化させないための仕組み作りが行われているということ,第 2 に,ニーズや公的基準の変化などに応じて WLB 支援制度に変更を加えることで,ワーカーにとって活用しやすい制度を保っていると考えられること,そして第 3 に,トップレベルにおけるマネジメントが中心であることが挙げられた.

　次に,「働き方」に関わるマネジメント内容としては,「余裕のある勤務体制作り」,「残業への対応」,「有休取得への対応」,「配置の工夫」,「制度利用者の勤務体制へのサポート」,「現場への臨機応変な対応」,「現場と管理側との調整機能」という 7 つの概念が生成された.これらの特徴的な点としては,第 1 に,「働き方」の構成要素として導出された,働き方に関する負の側面に対して,ワーカー個人に直接的に働きかける内容（「残業への対応」,「有休取得への対応」,「制度利用者の勤務体制へのサポート」）が見られたこと,第 2 に,働きやすい職場

環境になるよう，ワーカー個人に対してというよりも，現場の職場集団に対して働きかけていると考えられるマネジメント内容（「配置の工夫」，「現場への臨機応変な対応」）が見られたこと，そして第3に，ワーカー側とマネジメント側双方の立場に立った視点を持ちあわせるという内容（「現場と管理側との調整機能」）が見られたことが挙げられた．

　そして，「WLBに関する職場風土」に関わるマネジメント内容としては，「制度の周知」，「コミュニケーション」，「制度利用へのサポート」，「ロールモデルを増やすこと」，「周囲ワーカーへのフォロー」という5つの概念が生成された．これらの概念の中でも，「コミュニケーション」は，ファーストラインからトップまで複数のレベルにおいて機能している傾向が見られ，これによって，他のマネジメント内容も，円滑に行われていることが推測された．

　それ以外の4つの概念に関しては，WLB支援において特徴的なマネジメント内容だと考えられ，中でも「制度の周知」は，様々な方法でワーカーに対してWLB支援制度に関する周知が図られるとともに，公式の研修などの組織システムによって，マネジャー層への制度内容理解が促進されている傾向が見られた．次に，「制度利用へのサポート」という概念に関しては，道具的サポートや情報的サポートにあたると考えられる内容によって，制度利用に対するワーカーの不安感や抵抗感が軽減され，「WLBに関する職場風土」の中の「制度が利用しやすい雰囲気」の醸成につながっているのではないかと推測された．「ロールモデルを増やすこと」という概念に関しては，マネジャー自身が積極的なWLB実践によってロールモデルの役割を果たすことと，WLB支援制度利用者であるワーカーを積極的に重要な役割として活用することの2つの内容が見られ，それらによって，「WLBに関する職場風土」の構成概念である「ロールモデル」の強化，育成を促進していると考えられる．そして，「周囲ワーカーへのフォロー」という概念に関しては，制度利用者の周囲のワーカーに対して，WLB支援に対する理解を求めるための情緒的サポートだけでなく，不満につながるような要望や問題点に関して，受け止め，それによ

る改善に関してもこまめな情報共有を行っていることによって,「WLB に関する職場風土」の中の,「周囲のサポート」や「お互いさま意識」の醸成につながっているのではないかと推測された.

第2節　総合考察

　本書では，前節で整理したように，第5章，第6章，第7章および第8章において，質的データによる検討および，量的データによる検証を行った．本節では，以上の内容に関する総合的な考察を行う.

　本書においては，介護職の就業継続に関する先行研究や既存の統計調査から，離職につながるようなライフイベントに直面することが多い女性の割合が高いことや，働き方の問題である勤務体制の不規則さとも関連性があることから，介護職の就業継続に影響を及ぼす要因として WLB に着目した．その上で，「WLB 支援制度」,「働き方」,「WLB に関する職場風土」という WLB 支援に関わる3つのキーワードを基に，介護職の就業継続意図に与える影響を検討した．これら3つの要因は，言い換えれば，WLB に関する職場環境にあたると考えられる.

　WLB に関する職場環境の3つの要因のうち，「WLB 支援制度」に関しては，第3章において，介護職における問題点として，業種全般と比較して制度の導入が進んでいないことを指摘した．しかし，第7章の量的データ分析による検証から，介護職においても，導入制度の充実が，ワーカー個人の就業継続意図を高める効果があることが確認された．また，第6章の質的データ分析からは，制度の種類の豊富さという制度自体の存在が，働いているワーカーの就業継続のみでなく，新たな入職者の増加にも影響を及ぼす可能性が窺えた．先述のように，介護サービス分野においては，WLB 支援制度の導入が十分な水準とは言い難く，その背景には，慢性的な人材不足とそれにともなう短期的なコスト面への不安から，積極的な制度導入への抵抗感があるのではないかと推測され

る．しかし，本書の結果から，長期的視点から見れば，WLB 支援制度の導入
は，ワーカーの就業継続や入職者の増加の促進につながる可能性が示唆された
と考えられる．

　次に，WLB に関する職場環境の 3 つの要因のうちでも「働き方」に関して
は，第 3 章において，介護職特有の問題点として，勤務体制の不規則さや有給
休暇が取得しにくい職場環境が挙げられる可能性を指摘した．第 5 章の質的
データ分析からは，やはり，介護職の「働き方」の具体的内容として，不規則
な勤務体制と，有休取得の自由度の低さが導出されたとともに，シフト勤務な
らではの交代時のスムーズさやそれにともなう残業時間に関する要素である
「残業・交代時の切り替え」という概念も導き出された．これらの「働き方」
に関する負の側面が，ワーカー個人の就業継続意図に対して負の影響を及ぼす
ことが，第 7 章の量的データ分析による検証において確認され，それを低減さ
せるための対応策の必要性が強く示されたと考えられる．一方で，本書のイン
タビュー調査対象となった，WLB 支援に先進的な介護サービス事業所におい
ては，上述の「残業・交代時の切り替え」に関して，「働き方」の負の側面を
助長するのではなく，不規則な勤務体制のマイナス面を緩和させるような機能
を果たしている傾向も，第 5 章の質的データ分析から示された．この結果から，
「働き方」に関しては，適切なマネジメントによって，ワーカーの働きやすさ
に貢献しやすい要素も含まれていることが推測される．

　そして，WLB に関する職場環境の 3 つの要因の中でも，「WLB に関する職
場風土」に関しては，本書が特に関心を寄せた点である．本書においては，介
護職における「WLB に関する職場風土」に関して，質的データ分析によって
構成要素を導出したこと，量的データ分析によってワーカー個人の就業継続意
図への直接的な影響と，「働き方」から就業継続意図への影響に対する調整効
果を確認したことが，大きな成果だと考えられる．しかし，就業継続意図への
影響（直接効果，調整効果）が確認されたのは，職場風土を構成する要素の一部
に止まったことから，WLB に関する職場風土に関しては，その構成概念につ

いて，さらなる検討が求められる．

　最後に，第8章では，上述の3つの要因がワーカーにとって働き続けやすい方向に保たれている状態，つまり，WLBに支援的な職場環境の醸成のために効果的なマネジメントのあり方に関しての検討を行った．本書では，より具体的で実践的な示唆を得るため，「WLB支援制度」，「働き方」，「WLBに関する職場風土」のそれぞれに影響を与えると考えられるマネジメントという分類をした上で，概念生成を行い，マネジメントのレベルに関する視点からの検討も行った．

　「WLB支援制度」，「働き方」，「WLBに関する職場風土」のそれぞれに影響を与えるマネジメント内容に関する特徴は，前節で整理した通りであるが，マネジメントのレベルという視点から，その内容を改めて整理すると，トップレベルと，ミドルレベルやファーストラインレベルという違いによっても，求められるマネジメント内容に質の違いが見られることが分かる．トップレベルでのマネジメントに関しては，WLB支援制度を中心とする仕組み作りや，制度の周知という形でその内容を組織内に広げていくというような，組織全体に影響を及ぼす基盤作りが主に求められる．一方，ミドルレベルやファーストラインレベルでのマネジメントに関しては，有給休暇の取得に関する調整や制度利用者に対するシフトへの柔軟な対応，制度利用にともなう現場の問題に関するワーカー側と管理側との調整機能，制度利用者の周囲のワーカーへのフォローなど，直接的にワーカーと関わる中で，主にワーカーの働き方や，WLBに関する職場風土に影響を与えると考えられる内容が求められる傾向が見られた．

　また，トップレベルのマネジメントと，ミドルレベルやファーストラインレベルのマネジメントの関係性については，連携して行われることで，ワーカーへの効果が大きくなると考えられる．本書の分析では，公式の研修などの組織システムとして表れるトップレベルのマネジメントが，ミドルレベルやファーストラインレベルのマネジャーのWLB支援制度などに関する理解を促進させ，それによってワーカーと直接関わるマネジャーが柔軟な対応やアドバイスを行

うというトップダウン型のような連携や，現場ワーカーの要望などをファース
トラインレベルにおいて吸い上げ，それをミドルレベルやトップレベルにつな
げて調整することで状況の改善を図るというボトムアップ型のような連携の形
が見出された．このように，それぞれのレベルにおいて求められるマネジメン
ト内容を適切に行い，連携を図っていくことで，WLB に支援的な職場環境が，
効果的に醸成されるのではないかと考えられる．

第3節　理論的インプリケーション

　本節では，本書の結果が示すと考えられる，産業・組織心理学を中心とする
周辺的学問領域における，理論的インプリケーションに関して述べる．本書の
結果は，WLB 研究と組織風土研究という，大きく 2 つのテーマにおいてのイ
ンプリケーションを有すると考えられる．

1）　ワーク・ライフ・バランス研究

　第3章でも述べたように，WLB 概念に関する課題は，心理学，社会学，経
営学などの様々な学問領域で研究されてきた［藤本・吉田 1999; 山口 2009］．先行
研究による多くの知見の蓄積の中において，WLB 研究に対して，本書が持つ
理論的インプリケーションとして，特定の業種・職種における WLB の他の要
因への影響に関して示唆を得た点が挙げられる．研究対象を，介護職という不
規則な勤務体制を前提とするヒューマン・サービス職に限定することで，その
職務特性や職場環境の実態に即した WLB 支援に関する知見を示すことができ
たと考えられる．

　近年では，介護職を対象とした WLB に関する研究［橋本 2017］も一部で見
られるものの，その職務特性や職場環境の特徴に着目した上での研究は，まだ
十分に蓄積されているとは言い難い．特に，WLB に関わる要因として着目し
た「働き方」に関しては，実際に，本書の結果からも，上述の不規則な勤務体

制や，それだけでなく介護職に特有だと考えられる概念が導出され，検証の結果，就業継続意図に影響を与えていることが確認された．職務内容や勤務体制などに関して，特殊な形態や特徴的な点を持つ業種，職種に関しては，WLBに関わる要因そのものの内容や，それが他の要因に与える影響に関して，一般的なWLB研究とは異なる結果が見られる可能性も考えられる．そのような点から，本書の成果は，WLBに関する学術的知見のさらなる充実に貢献できるものと考える．

2）　組織風土研究

　組織風土研究における，大きな論点の1つとして，測定方法，尺度の問題が挙げられる．田尾 [1982] は，組織風土に関する概念的定義の曖昧さから，組織風土について，操作化において工夫された上で測定されたものであり，操作の先行した概念であると指摘している．そのため，近年の組織風土に関する研究においては，全般的な組織風土を扱うのではなく，特定の目的や過程に焦点化した組織風土を対象とし，測定方法に関しても一般化された尺度というよりは，その組織や対象とする問題に基づいて選択された尺度が用いられることが多いという指摘もある [Schneider, Ehrhart and Macey 2013; 高原・宮本・釘原 2014]．つまり，組織風土という概念は，対象とする問題や職業，組織の違いによって，その構成要素（構成概念）のあり方が異なってくる可能性があるということである．

　実際に，日本においても，メンタルヘルスに関する風土 [金井・若林 1998] や，ダイバーシティに関する風土 [正木・村本 2017] など，ワーカー個人の要因に影響を与える可能性のある問題を対象とした組織風土に関する研究が見られる．そのような組織風土研究の流れの中において，本書は，WLBに焦点を絞った職場風土（組織風土）に関する示唆を提示したことに，貢献があると考えられる．また，先述のように，組織風土の構成要素（構成概念）は，対象とする問題だけでなく，対象とする職業によっても，内容が異なる可能性もある．

前節でも述べたように，WLBのあり方に関しては，職務特性や職場環境の違いで異なる場合も考えられるため，組織風土の構成要素（構成概念）の導出に関しては，データに基づいた精緻化が求められる．本書をさらに展開することによって，組織風土に関する研究への貢献も，より拡大していくことができると考える．

第4節　実践的インプリケーション

本節では，政策的課題および実際の問題に対して，本書の成果が示すと考えられる実践的インプリケーションに関して述べる．

本書の成果の，マクロなレベルでの政策的課題に対する実践的貢献は，介護サービス分野においても，職場における積極的なWLB支援が，ワーカー個人の就業継続意図を高めることを実証できた点にあると考えられる．本書の出発点は，近年の日本の高齢化にともなって，さらなる需要の高まりが予想される介護サービス分野において，安定的な人材確保を図ることが求められるという問題の背景，そのためには介護職の就業継続を促進する必要性があるという問題意識にあった．介護サービス分野における人材確保という課題に関しては，第1章でも述べたように，厚生労働省によってもその対策が進められているところではある．本書における分析結果は，介護サービス分野の職場においても，WLB支援を積極的に推進することによって，ワーカーの就業継続を促進し，それによって安定した組織運営や介護サービスの質の確保を図ることができる可能性を示唆するものである．介護サービス分野全体において，このようなWLB支援の有用性に関する認識が広がることは，介護サービスの提供者，利用者双方へのメリットにつながると考えられる．

そして，本書の成果に関して，ミクロなレベルで見た場合の実践的貢献は，介護サービス事業所における，ワーカーのWLB支援に関するマネジメントに対する示唆を得ることができた点にあると考えられる．第8章の質的データ分

析では，WLB に支援的な職場環境の醸成に効果的だと考えられるマネジメント内容に関して，「WLB 支援制度」，「働き方」，「WLB に関する職場風土」のそれぞれに影響を与えるものという形で分類を行った上で整理した．その結果から，WLB に関する職場環境（WLB 支援制度，働き方，WLB に関する職場風土）のそれぞれに影響を与えると考えられる，具体的なマネジメント内容を提示することができた．

さらに，導き出されたマネジメント内容に関して，マネジメントのレベルという視点からも検討し，それぞれのレベルにおいて主に求められるマネジメント内容が異なる可能性や，それぞれのマネジメントレベルが互いに連携を図っていく必要性などに関して，示唆を得ることができたと考えられる．以上のような，具体的な示唆の活用によって，介護サービス分野の職場において，WLB に支援的な職場環境が醸成されることが期待される．

しかし，マネジメントに関する本書の示唆は，質的データによる分析結果に止まっている．今後の研究において，マネジメントに関する本書の結果を検証していくことで，その成果を実際の問題解決へと還元していく必要性がある．

さらに，本書の成果は，介護職と同様の，不規則な勤務体制などを前提とするヒューマン・サービス職の職場環境の整備に対しても，部分的に応用していくことが可能だと考えられる．本書の成果の一般化のためにも，今後引き続き，研究内容の精緻化を進めていくことが必要だと考える．

第 5 節　本書の限界と課題

本書における限界ならびに課題として，第 1 に挙げられるのが，質的分析に用いたデータのサンプルに関する問題である．本書では，介護サービス分野の事業所（法人）において，現場ワーカーの WLB 支援に対する積極的な取り組みが進んでいないという現状を踏まえ，WLB 支援に先進的な介護サービス事業所に焦点を絞り，インタビュー対象のサンプリングを行った．その結果，

WLB に関する職場風土の構成要素や，WLB 支援制度の導入と働き方における工夫を含む，WLB に支援的な職場環境の醸成に効果的なマネジメントの特徴に関する導出を行うことができたと考えられる．

しかし，WLB に関する職場風土に関して，第7章の量的データ分析においては，就業継続意図への直接効果についても，他の要因（働き方）から就業継続意図への影響に対する調整効果についても，その構成要素（構成概念）の一部のみにしか確認されなかった．この点について，展望における後述のように，WLB に関する職場風土の構成要素（構成概念）どうしの関係性について検討するとともに，インタビュー調査サンプルのさらなる蓄積により，構成要素（構成概念）の概念的定義に関して，より精査することも求められるのではないかと考えられる．つまり，本書の結果，特に WLB に関する職場風土の構成要素（構成概念）に関しては，未だ一般化するには至っていないと言わざるを得ず，大きな課題である．

また，WLB に支援的な職場環境を効果的に醸成するマネジメントの特徴に関しては，本書のインタビュー調査対象とは異なる介護サービス事業所，つまり，WLB 支援に対して，介護サービス分野における一般的な水準の取り組みのみが行われている事業所へのインタビュー調査も実施することが課題だと考えられる．その比較によって，WLB 支援に先進的な事業所におけるマネジメントの特徴が，より明確に導き出される可能性が考えられる．以上の2点から，本書の第1の限界ならびに課題として，質的分析におけるデータのさらなる蓄積の必要性が挙げられる．

次に，本書における，第2の限界ならびに課題として，WLB に対する個人の満足感という要因に関する問題が挙げられる．本書では，介護職の就業継続に影響を与える要因について検討するという大きな目的のもと，あくまでも就業継続に直接的につながる就業継続意図を結果変数とし，WLB に関わる要因が与える影響に関して検討を行った．しかし，原因から結果まで順を追って考えれば，WLB に関わる要因，つまり WLB に支援的な職場環境（WLB 支援制度，

働き方，WLB に関する職場風土）から，ワーカー個人の就業継続意図までの間には，個人の WLB に対する満足感という要因が存在し，両者を媒介している可能性が考えられる．第3章において言及した先行研究［田邊・岡村 2011; 橋本 2017］でも，看護職や介護職に関して，個人の WLB に対する主観的評価や満足感が，離職意図に影響を及ぼすという結果が確認されている．そこで，今後，ワーカー個人の WLB に対する満足感という要因も取り上げ，本書で着目した WLB に関わる要因（WLB 支援制度，働き方，WLB に関する職場風土）との関連および，ワーカー個人の就業継続意図との関連についても検討することが課題として挙げられる．

　そして，本書における第3の限界ならびに課題として，量的データ分析に用いた，WLB に関する職場風土の変数に関する問題が挙げられる．第7章（量的データ分析による検証）でも述べたように，本書の分析結果においては，WLB に関する職場風土の構成要素（構成概念）の中でも，「周囲のサポート」という要素に関して，就業継続意図への直接的な影響のみが確認された．第7章の考察において，その点については，サポートという概念の定義および操作的な捉え方が影響を与えている可能性があることを指摘した．ソーシャル・サポート研究における知見によれば，「周囲のサポート」を，サポートに関するネットワークや，実際に受容されたサポート，あるいは，必要な時に受けることができるだろうという知覚されたサポートのいずれとして捉えるかによって，他の要因への影響のあり方も異なってくる可能性が考えられる．第1の限界ならびに課題として挙げた，質的データのさらなる蓄積による，WLB に関する職場風土の構成要素（構成概念）に関する概念的定義の精緻化と並行して，操作的定義に関しても精緻化を行っていくことが課題である．

第6節　今後の展望

　本書の成果を踏まえ，今後の研究における展望に関して述べる．第1に，前

第9章　介護職への効果的なワーク・ライフ・バランス支援の実現に向けて　　*163*

節においても述べたように，WLBに関する職場風土の構成要素（構成概念）に関して，概念どうしの関係性について検討ならびに検証することが挙げられる．本書の量的データによる検証結果（第7章）からは，WLBに関する職場風土の構成要素の中でも，就業継続意図への直接効果と，他の要因（働き方）から就業継続意図への影響に対する調整効果の両方が確認されたのは，「お互いさま意識」のみであった．「お互いさま意識」という要素に関しては，WLB支援に関する先行研究でも重要性が指摘されてきており，本書においても，第5章の質的分析に際し，WLBに関する職場風土の中核にある目標や価値観として，それにあたる要素が導出されるのではないかと推測していた．ワーカー個人の就業継続意図への直接効果が確認された「お互いさま意識」を，WLBに関する職場風土の構成要素の中でも，他の要因に直接的かつ重要な影響を与えるものと捉えるならば，他の構成要素が「お互いさま意識」を醸成し，それが就業継続意図につながっている可能性もあるのではないかと考えられる．そのような，WLBに関する職場風土を構成する要素（概念）どうしの関係性に関して，さらなる質的検討とともに，量的データ分析による検証が今後求められる．

　そして，今後の研究における展望として，第2に，就業継続意図だけでなく，その他の「個人や組織における結果」に対する，WLBに関わる要因（WLB支援制度，働き方，WLBに関する職場風土）の影響に関して，総合的に量的データ分析による検証を行うことが挙げられる．本書では，介護職の就業継続意図に影響を与える要因に関して検討することを大きな目的としていたため，第7章の検証においては，ワーカー個人の就業継続意図のみを従属変数として分析を行った．しかし，第6章の質的分析からは，その他の「結果」にあたるものとして，ワーカーのモチベーションや組織コミットメントへの影響という「個人への効果」や，「入職者の増加」，それらにともなう人手不足の解消や安定した運営などの「組織への効果」なども見られることが窺えた．今後，WLBに関する職場風土についてのさらなる検討を進めるとともに，他の結果変数への影響に関しても総合的な検証を行っていくことで，介護サービス分野における，

ワーカーへの WLB 支援の重要性の認識向上に，貢献することができるのでは
ないかと考える．

あ と が き

　本書は，筆者の博士学位論文「ワーク・ライフ・バランス支援が介護職の就業継続意図に及ぼす効果──組織風土とマネジメントに着目して──」(同志社大学，2019年3月) に加筆・修正をしたものである.

　筆者が，本書の内容である博士学位論文のテーマに着目した背景に関して，少し述べたい. もともと，産業・組織心理学の分野に関心を持ったのは，多くの人が多くの時間を費やす「仕事の場」において，少しでも心地よく，やりがいを持って過ごせるようにすることは大切だと感じたからである. そのような興味関心のもと，今後，社会における必要性がますます高まる介護職の就業継続を検討する上で，ワーク・ライフ・バランス支援が重要な意味を持つのではないかと，この研究課題にたどり着いた. 思い返してみると筆者自身，昔から「将来ずっと仕事を続けたい」と考え，私的生活がどのように変化しても持続可能な働き方ができることを，進路を選択する際の1つの重要な視点として捉えていた. そのような意味では，「ワーク・ライフ・バランス」という言葉を知る前から，興味を寄せていたテーマだったのかもしれない.

　博士学位論文を完成させてから，本書の出版に至るまで，6年の歳月が経った. その間，日本のみならず世界中がパンデミックとなり，我々の日常は大きな変化を余儀なくされた. そのように大変な状況の中でも，本書の研究対象である介護職の方々は，常に現場で多くの人々の生活を支え続けてくださっている. 6年前には耳にすることのなかった「エッセンシャルワーカー」という言葉が広く聞かれるようになり，改めて，その存在の重要性を認識することとなった. そのような介護職の方々が，自身の生活を大切にしながら，少しでも働きやすい職場環境で活躍してくださることに，本書が少しでも貢献できればと願っている.

そして，本書のテーマは，今後も研究をさらに展開させていくことが求められるものである．社会や外部環境が大きく変化しても必要とされ続ける仕事を，ワーク・ライフ・バランスという視点から支えるためには，どのような要素が重要となるのか．この問いを明らかにすることに向かって，研究という立場から，着実に一歩ずつ前に進んでいきたい．

　本書の質的検討および量的検証に用いたデータの収集には，様々な方々や機関のご協力をいただいた．まず，第5章，第6章および第8章の質的検討におけるデータ収集に関して，お忙しい中インタビュー調査にご協力いただいた各介護サービス事業所の皆様に，感謝を申し上げる．また，第7章の量的検証においては，東京大学社会科学研究所付属社会調査・データアーカイブ研究センター SSJ データアーカイブから，公益財団法人介護労働安定センター実施の「介護労働実態調査，2013」（労働者調査個票データ）の提供を受けた．両機関に，御礼申し上げる．

　博士学位論文および本書を書き上げるまでには，その他にも，多くの方々のご指導やご支援を頂戴した．以下に，感謝の意を記したい．

　筆者が本書の成果をまとめ上げることができたのは，同志社大学の久保真人先生から賜った格別のご指導があったからこそである．久保先生には，筆者の同志社大学での学部生時代から，博士前期課程，博士後期課程と一貫してご指導をいただいた．特に博士学位研究に関して，論文の研究課題にたどり着くまで，またそれ以降研究を進めて論文を完成させるまでの過程で，久保先生には，研究とは何か，研究者としてのあるべき姿勢とはどのようなものなのか，ということをお教えいただいた．それは，現在，研究活動をしていく上での指針となっている．そして久保先生からは，今もなお，多くのことを学ばせていただいている．心からの感謝を申し上げる．

　博士学位論文に関しては，副査として，同志社大学の川口章先生，同じく同志社大学の藤本哲史先生に，審査をいただいた．さらに，論文完成までの過程においても，川口先生，藤本先生からは，研究としての学術的貢献および実践

あとがき　*167*

的貢献を高めるために，多大なご指導やご助言を賜った．深く，感謝を申し上げたい．

　また，同志社大学大学院総合政策科学研究科の先生方には，その他にも，様々な場面でご指導やご助言をいただいた．感謝を申し上げる．同研究科の職員の皆様にも，いつも厚くサポートいただいたこと，御礼申し上げたい．

　研究の過程においては，複数の学会や研究会に参加し，先生方や会員の皆様からも，有益なコメントを頂戴した．枚挙にいとまがないが，特に，産業・組織心理学会，経営行動科学学会，日本心理学会および，関西社会心理学研究会（KSP）においては，大学院生の頃より研究発表を通して，多くの先生方からご助言をいただいてきた．ここに改めて，感謝の意を申し上げたい．

　本書の出版に際しては，現所属先である京都先端科学大学より「2024年度京都先端科学大学研究助成（学術出版）」をいただいた．日頃からのご支援に，御礼を申し上げる．また，編集過程でサポートいただいた，編集部の丸井清泰氏はじめ晃洋書房の皆様にも感謝の意を申し上げたい．

　博士学位論文執筆時，筆者にとっての「ワーク」である研究生活では，大学院ゼミのメンバーや同研究科大学院生の皆様にも多くのコメントをいただいた．自身だけでは考えつかないような様々な視点からの意見によって，研究テーマを柔軟に捉える機会を与えてもらったことに，感謝する．そして，「ライフ」である私的生活においては，一緒に楽しい時間を過ごし，どのような時も変わらず見守ってくれた，学生時代からの友人たちにも感謝している．

　最後に，いつも相談にのり，知恵を授けてくれ，力強いエールを送ってくれる，最強のチームである我が家族に，大きな感謝を込めて．

　2025年初春の京都にて

大 竹 恵 子

初 出 一 覧

　本書は，筆者の同志社大学における博士学位論文を加筆・修正したものである．その他の初出論文は，以下の通りである．各章は，下記論文の一部を加筆・修正した内容を用いて構成されている．

【第1章】
大竹恵子［2013］「介護労働者の早期離職に関わる要因——リアリティ・ショックの視点から——」『同志社政策科学研究』15(1)，151-162.

【第2章】
大竹恵子［2013］「介護労働者の早期離職に関わる要因——リアリティ・ショックの視点から——」『同志社政策科学研究』15(1)，151-162.

大竹恵子［2016］「介護福祉士の介護分野での就業に関する現状と課題」『同志社政策科学研究』18(1)，39-52.

大竹恵子［2017］「日本の介護職におけるワーク・ライフ・バランスの問題点——文献レビューを通して——」『同志社政策科学研究』19(1)，313-322.

【第3章】
大竹恵子［2017］「日本の介護職におけるワーク・ライフ・バランスの問題点——文献レビューを通して——」『同志社政策科学研究』19(1)，313-322.

【第4章】
大竹恵子［2017］「日本の介護職におけるワーク・ライフ・バランスの問題点——文献レビューを通して——」『同志社政策科学研究』19(1)，313-322.

引 用 文 献

日本語文献（五十音順）

足立明久［1982］『心理的風土とパーソナリティ』勁草書房.

伊丹敬之・加護野忠男［2003］『ゼミナール経営学入門（第 3 版）』日本経済新聞出版社.

稲葉昭英・浦光博・南隆男［1987］「「ソーシャル・サポート」研究の現状と課題」『哲学（慶應義塾大学）』第85集, 109-149.

浦光博［1992］『支えあう人と人――ソーシャル・サポートの社会心理学――』サイエンス社.

大和三重［2010］「介護労働者の職務満足度が就業継続意向に与える影響」『介護福祉学』17 (1), 16-23.

緒形明美・會田信子・長屋央子［2015］「介護老人福祉施設における介護職と看護職の離職予防についての検討」『日本看護科学会誌』35, 90-100.

小木曽加奈子・阿部隆春・安藤邑惠・平澤泰子［2010］「介護老人保健施設におけるケアスタッフの仕事全体の満足度・転職・離職の要因――職務における 9 つの領域別満足度との関連を中心に――」『社会福祉学』51(3), 103-118.

柏原正尚・永井拓己・彦坂亮［2016］「特別養護老人ホームにおける組織構造と介護職員の離職に関する一考察」『日本福祉大学健康科学論集』19, 1 -10.

加藤善昌［2015］「介護労働者の離職行動の抑制のために――内発的動機と企業内ソーシャル・キャピタルの重要性――」『人間福祉学研究（関西学院大学）』8 (1), 87-102.

金井篤子・若林満［1998］「企業内におけるメンタルヘルス風土に関する研究」『実験社会心理学研究』38(1), 63-79.

川村晴美・鈴木英子［2014］「病院に勤務する看護職のワークライフバランスとバーンアウトとの関連」『日本看護科学会誌』34(1), 131-141.

北浦正行［2013］「介護労働をめぐる政策課題――介護人材の確保と育成を中心に」『日本労働研究雑誌――』55(12), 61-72.

北川睦彦［2001］「高齢社会の労働と健康」, 西川一廉・森下高治・北川睦彦・三戸秀樹・島田修・田井中秀嗣・森田敬信・足立明久・田尾雅夫『仕事とライフ・スタイルの心理

学』福村出版.

木下康仁［1999］『グラウンデッド・セオリー・アプローチ――質的実証研究の再生――』
弘文堂.

黒澤昌子［2012］「アメリカにおけるワーク・ライフ・バランス」武石恵美子編『国際比較
の視点から日本のワーク・ライフ・バランスを考える――働き方改革の実現と政策課題
――』ミネルヴァ書房，185-211.

桑田耕太郎・田尾雅夫［1998］『組織論』有斐閣.

小檜山希［2010］「介護職の仕事の満足度と離職意向――介護福祉士資格とサービス類型に
注目して――」『季刊社会保障研究』45(4)，444-457.

坂爪洋美［2009］「ワーク・ライフ・バランス施策に対する管理職の認識がリーダーシップ
行動に与える影響」『経営行動科学』22(3)，205-221.

定塚由美子［2008］「政府による企業の両立支援促進策――仕事と生活の調和（ワーク・ラ
イフ・バランス）憲章・行動指針――」，佐藤博樹編『ワーク・ライフ・バランス――
仕事と子育ての両立支援――』ぎょうせい，193-212.

佐藤博樹［2008］「ケアの人事管理――雇用管理と報酬管理――」，上野千鶴子・大熊由紀
子・大沢真理・神野直彦・副田義也編『ケアを実践するしかけ（ケア　その理想と実践
6）』岩波書店，177-196.

―――［2011］「ワーク・ライフ・バランスと働き方改革」佐藤博樹・武石恵美子編
『ワーク・ライフ・バランスと働き方改革』勁草書房，1-26,.

佐藤博樹・武石恵美子［2010］『職場のワーク・ライフ・バランス』日本経済新聞出版社.

佐藤博樹・堀田聰子［2014］「介護人材の需給構造の現状と課題」，労働政策研究・研修機構
『介護人材需給構造の現状と課題――介護職の安定的な確保に向けて――（労働政策研
究報告書No.168)』1-10.

佐藤博樹・矢島洋子［2014］『介護離職から社員を守る――ワーク・ライフ・バランスの新
課題――』労働調査会.

佐藤ゆかり・澁谷久美・中嶋和夫・香川幸次郎［2003］「介護福祉士における離職意向と役
割ストレスに関する検討」『社会福祉学』44(1)，67-77.

白石旬子・藤井賢一郎・大塚武則・影山優子・今井幸充［2011］「個性が尊重されない『組
織風土』における，『キャリア・コミットメント』の高い介護職員の離職意向と『介護
観』の関連」『老年社会科学』33(1)，34-46.

田尾雅夫［1982］「組織風土と意思決定」，大澤豊・一寸木俊昭・津田眞澂・土屋守章・二村

引　用　文　献　　*171*

敏子・諸井勝之助編『組織の中の人間行動』有斐閣，165-186.

―――［1995］『ヒューマン・サービスの組織：医療・保健・福祉における経営管理』法律文化社.

―――［1999］『組織の心理学（新版）』有斐閣.

―――［2013］「ヒューマン・サービスとしての介護労働――労働として捉える――」，佐藤卓利・久保真人・田尾雅夫・重田博正『介護サービスマネジメント』ナカニシヤ出版，81-102.

高原龍二・宮本友介・釘原直樹［2014］「職場風土の短期的変化要因」『対人社会心理学研究（大阪大学）』14，53-60.

武石恵美子［2006］「企業からみた両立支援策の意義――両立支援策の効果研究に関する一考察――」『日本労働研究雑誌』48(8)，19-33.

―――［2008］「両立支援制度と制度を利用しやすい職場づくり」，佐藤博樹編『ワーク・ライフ・バランス――仕事と子育ての両立支援――』ぎょうせい，33-55.

―――［2011］「ワーク・ライフ・バランスを実現する働き方改革と職場マネジメントの課題」『生涯学習とキャリアデザイン（法政大学）』8，19-32.

―――［2012］「ワーク・ライフ・バランス実現の課題と研究の視座」，武石恵美子編『国際比較の視点から日本のワーク・ライフ・バランスを考える――働き方改革の実現と政策課題――』ミネルヴァ書房，1-31.

武石恵美子・松原光代［2014］「男性の育児休業――取得促進のための職場マネジメント――」，佐藤博樹・武石恵美子編『ワーク・ライフ・バランス支援の課題――人材多様化時代における企業の対応――』東京大学出版会，97-124.

田邊智美・岡村仁［2011］「看護師の離職意向に関連する要因の検討――緩和ケア病棟における調査結果をもとに――」『Palliative Care Research』6 (1)，126-132.

西岡由美［2008］「先進国における WLB 推進の経緯」，学習院大学経済経営研究所編『経営戦略としてのワーク・ライフ・バランス――ワーク・ライフ・バランス塾と参加企業の実践から学ぶ！――成果測定のための評価指標（WLB-JUKU INDEX）付き』第一法規，33-44.

西川真規子［2008］『ケアワーク支える力をどう育むか――スキル習得の仕組みとワークライフバランス――』日本経済新聞出版社.

日本介護福祉士会［2015］『第11回介護福祉士の就労実態と専門性の意識に関する調査報告書』.

パク・ジョアン・スックチャ［2002］『会社人間が会社をつぶす——ワーク・ライフ・バランスの提案——』朝日新聞社.

橋本力［2017］「介護老人福祉施設における介護職員のワーク・ライフ・バランスと職務満足および離職意向との関連」『老年社会学』38(4)，401-409.

花岡智恵［2009a］「介護労働者の離職——他職種との賃金格差が離職に与える影響——」労働政策研究・研修機構『介護分野における労働者の確保等に関する研究（労働政策研究報告書 No.113)』149-168.

——[2009b]「賃金格差と介護従事者の離職」『季刊・社会保障研究』45(3)，269-286.

——[2011]「介護労働者の離職要因——賃金が勤続年数別の離職に与える影響——」『医療経済研究』23(1)，39-57.

藤本哲史・小谷幸・鈴木理恵［2008］「看護職のワーク・ファミリー・コンフリクト——勤務体制と子育て支援が仕事と子育ての両立に与える影響——」『社会保険旬報』2346，26-34.

藤本哲史・新城優子［2007］「企業のファミリー・フレンドリー制度に対する従業者の不公平感」『組織科学』41(2)，19-28.

藤本哲史・吉田悟［1999］「ワーク・ファミリー・コンフリクト——ふたつの研究潮流と経営組織における問題点——」『組織科学』33(2)，66-78.

細見正樹［2014］「恩恵を受けない従業員にも配慮したワーク・ライフ・バランス支援に求められるもの——ポジティブ・アクションに対する非受益者の心理を手がかりとした考察——」『大阪大学経済学』64(1)，48-64.

——[2017]『ワーク・ライフ・バランスを実現する職場——見過ごされてきた上司・同僚の視点——』大阪大学出版会.

堀田聰子［2012］「介護労働市場の現状と課題——採用・離職と過不足感をめぐって——」『Business labor trend（2012年11月号)』3-7.

——[2014]「『1年目』の壁を超える採用・定着管理」，労働政策研究・研修機構『介護人材需給構造の現状と課題——介護職の安定的な確保に向けて——（労働政策研究報告書 No.168)』123-142.

本間千代子・中川禮子［2002］「看護職における家庭と仕事の両立葛藤——看護職と働く一般女性との比較——」『日本赤十字武蔵野短期大学紀要』15，31-37.

正木郁太郎・村本由紀子［2017］「多様化する職場におけるダイバーシティ風土の機能，ならびに風土と組織制度との関係」『実験社会心理学研究』57(1)，12-28.

松原光代［2008］「制度導入企業の要因分析」，佐藤博樹・武石恵美子編『人を活かす企業が伸びる──人事戦略としてのワーク・ライフ・バランス──』勁草書房，37-54.

─────［2011］「社員のワーク・ライフ・バランスの実現と管理職の役割」，佐藤博樹・武石恵美子編『ワーク・ライフ・バランスと働き方改革』勁草書房，50-73.

宮﨑悟［2012］『看護人材の就業率の推移──再検討した潜在者数推計方法による結果から──（同志社大学技術・企業・国際競争力研究センターワーキングペーパー12-04)』.

宮本守・瀬岡吉彦［2013］「看護師・介護福祉士不足問題──潜在看護師・潜在介護福祉士の顕在化の視点から──」『経済系──関東学院大学経済学会研究論集──』256，1-15.

三輪哲［2015］「介護福祉士のキャリア移動構造」労働政策研究・研修機構『介護人材確保を考える（JILPT 資料シリーズ No.161)』28-42.

本島茉那美・冨樫千秋・土井徹・境俊子［2017］「既婚女性看護師のワーク・ライフ・バランスの満足感とその関連要因」『日本健康医学会雑誌』26(1)，7-16.

矢島洋子［2012］「イギリスにおけるワーク・ライフ・バランス」，武石恵美子編『国際比較の視点から日本のワーク・ライフ・バランスを考える─働き方改革の実現と政策課題』ミネルヴァ書房，213-251.

山口一男［2009］『ワークライフバランス──実証と政策提言──』日本経済新聞出版社.

労働政策研究・研修機構［2006］「特集ワーク・ライフ・バランス──欧米の動向とわが国への示唆──」『Business Labor Trend（2006年1月号)』2-14.

─────［2007］『仕事と家庭の両立支援にかかわる調査（JILPT 調査シリーズ No.37)』.

脇坂明［2008a］「英国におけるワーク・ライフ・バランス」，佐藤博樹編『ワーク・ライフ・バランス──仕事と子育ての両立支援──』ぎょうせい，167-190.

─────［2008b］「経営戦略としての WLB」，学習院大学経済経営研究所編『経営戦略としてのワーク・ライフ・バランス──ワーク・ライフ・バランス塾と参加企業の実践から学ぶ！──成果測定のための評価指標（WLB-JUKU INDEX）付き』第一法規，1-18.

渡井いずみ［2007］「ワーク・ライフ・バランスとワーク・ファミリー・コンフリクト」『ストレス科学』22(3)，164-171.

外国語文献（アルファベット順）

Ajzen, I.［1991］"The theory of planned behavior," *Organizational Behavior and Human Decision Processes*, 50, 179-211.

Ajzen, I. and Fishbein, M. [1977] "Attitude-behavior relations: A theoretical analysis and review of empirical research," *Psychological Bulletin*, 84(5), 888-918.

Allen, T. D. [2001] "Family-supportive work environments: The role of organizational perceptions," *Journal of Vocational Behavior*, 58(3), 414-435.

Allen, T. D., Herst, D. E. L., Bruck, C. S. and Sutton, M. [2000] "Consequences associated with work-to-family conflict: A review and agenda for future research," *Journal of Occupational Health Psychology*, 5(2), 278-308.

Anderson, R. A., Corazzini, K. N. and McDaniel, R. R. [2004] "Complexity science and the dynamics of climate and communication: Reducing nursing home turnover," *The Gerontologist*, 44(3), 378-388.

Aryee, S. [1992] "Antecedents and outcomes of work-family conflict among married professional woman: Evidence from Singapore," *Human Relations*, 45(8), 813-837.

Aryee, S., Luk, V. and Stone, R. [1998] "Family-responsive variables and retention-relevant outcomes among employed parents," *Human Relations*, 51(1), 73-87.

Atchison, T. J. and Lefferts, E. A. [1972] "The prediction of turnover using Herzberg's job satisfaction technique," *Personnel Psychology*, 25(1), 53-64.

Barrera, M. Jr. [1986] "Distinctions between social support concepts, measures, and models," *American Journal of Community Psychology*, 14(4), 413-445.

Batt, R. and Valcour, P. M. [2003] "Human resources practices as predictors of work-family outcomes and employee turnover," *Industrial Relations*, 42(2), 189-220.

Brannon, D., Zinn, J. S., Mor, V. and Davis, J. [2002] "An exploration of job, organizational, and environmental factors associated with high and low nursing assistant turnover," *The Gerontologist*, 42(2), 159-168.

Castle, N. G. and Engberg, J. [2006] "Organizational characteristics associated with staff turnover in nursing homes," *The Gerontologist*, 46(1), 62-73.

Cohen, S. and Wills, T. A. [1985] "Stress, social support, and the buffering hypothesis," *Psychological Bulletin*, 98(2), 310-357.

Cohen, S., Mermelstein, R., Kamarck, T. and Hoberman, H. M. [1985] "Measuring the functional components of social support," in Sarason, I. G. and Sarason, B. R. (Eds.), *Social Support: Theory, Research and Applications*, Martinus Nijhoff Publishers, 73-94.

Dalton, D. R. and Mesch, D. J. [1990] "The impact of flexible scheduling on employee attendance," *Administrative Science Quarterly,* 35(2), 370-387.

Decker, F. H., Harris-Kojetin, L. D. and Bercovitz, A. [2009] "Intrinsic job satisfaction, overall satisfaction, and intention to leave the job among nursing assistants in nursing homes," *The Gerontologist,* 49(5), 596-610.

Donoghue, C. [2010] "Nursing home staff turnover and retention," *Journal of Applied Gerontology,* 29(1), 89-106.

Donoghue, C. and Castle, N. G. [2009] "Leadership styles of nursing home administrators and their association with staff turnover," *The Gerontologist,* 49(2), 166-174.

Eaton, S. C. [2003] "If you can use them: Flexibility policies, organizational commitment, and perceived performance," *Industrial Relations,* 42(2), 145-167.

Etzioni, A. (ed.) [1969] *The semi-professions and their organization: Teachers, nurses, social workers,* The Free Press.

Forehand, G. A. and Gilmer, B. V. H. [1964] "Environmental variation in studies of organizational behavior," *Psychological Bulletin,* 62(6), 361-382.

Frone, M. R., Yardley, J. K. and Markel, K. S. [1997] "Developing and testing an integrative model of the work-family interface," *Journal of Vocational Behavior,* 50(2), 145-167.

Glaser, B. G. and Strauss, A. L. [1967] *The discovery of grounded theory: Strategies for qualitative research,* Aldine Publishing Company（後藤隆・大出春江・水野節夫訳『デー タ対話型理論の発見――調査からいかに理論をうみだすか――』新曜社，1996年).

Good, L. K., Sisler, G. F. and Gentry, J. W. [1988] "Antecedents of turnover intentions among retail management personnel," *Journal of Retailing,* 64(3), 295-314.

Greenhaus, J. H. and Beutell, N. J. [1985] "Sources of conflict between work and family roles," *Academy of Management Review,* 10(1), 76-88.

Greenhaus, J. H., Collins, K. M., Singh, R. and Parasuraman, S. [1997] "Work and family influences on departure from public accounting," *Journal of Vocational Behavior,* 50(2), 249-270.

Greenhaus, J. H., Rabinowitz, S. and Beutell, N. J. [1989] "Sources of work-family conflict among two-career couples," *Journal of Vocational Behavior,* 34(2), 133-153.

Greenwood, E. [1957] "Attributes of a profession," *Social Work,* 2(3), 45-55.

Hall, R. H. [1975] *Occupations and the social structure: Second edition,* Prentice-Hall.

Hammer, L. B., Kossek, E. E., Zimmerman, K. and Daniels, R. [2007] "Clarifying the construct of family-supportive supervisory behaviors (FSSB): A multilevel perspective," in Perrewe, P. L. and Ganster, D. C. (Eds.), *Exploring the work and non-work interface*, JAI Press, 165-204.

James, L. R., Hartman, A., Stebbins, M. W. and Jones, A. P. [1977] "Relationships between psychological climate and a VIE Model for work motivation," *Personnel Psychology*, 30 (2), 229-254.

James, L. R. and Jones, A. P. [1974] "Organizational climate: A review of theory and research," *Psychological Bulletin*, 81(12), 1096-1112.

Judge, T. A., Boudreau, J. W. and Bretz, R. D. Jr. [1994] "Job and life attitudes of male executives," *Journal of Applied Psychology*, 79(5), 767-782.

Kahn, R. L., Wolf, D. M., Quinn, R. P., Snoek, S. D. and Rosenthal, R. A. [1964] *Organizational stress*, John Wiley and Sons.

Katz, R. L. [1974] "Skills of an effective administrator," *Harvard Business Review*, 52(5), 90-102.

Kinnunen, U. and Mauno, S. [1998] "Antecedents and outcomes of work-family conflict among employed women and men in Finland," *Human Relations*, 51(2), 157-177.

Konrad, A. M. and Mangel, R. [2000] "The impact of work-life programs on firm productivity," *Strategic Management Journal*, 21(12), 1225-1237.

Kossek, E. E. and Ozeki, C. [1998] "Work-family conflict, policies, and the job-life satisfaction relationship: A review and directions for organizational behavior-human resources research," *Journal of Applied Psychology*, 83(2), 139-149.

Lazarus, R. S. and Folkman, S. [1984] *Stress, appraisal, and coping*, Springer Publishing Company, Inc. (本明寛・春木豊・織田正美監訳『ストレスの心理学──認知的評価と対処の研究──』実務教育出版，1991年).

Lewin, K. [1951] *Field theory in social science*, Harper & Brothers (猪股佐登留訳『社会科学における場の理論（増補版）』誠信書房，1979年).

Litwin, G. H. and Stringer, R. A. Jr. [1968] *Motivation and organizational climate*, Harvard Business School Press (占部都美・井尻昭夫訳『経営風土』白桃書房，1974年).

Merriam, S. B. [1998] *Qualitative research and study applications in education*, John Wiley & Sons, Inc. (堀薫夫・久保真人・成島美弥訳『質的調査法入門──教育における調査法とケース・スタディ──』ミネルヴァ書房，2004年).

Mintzberg, H. [1973] *The nature of managerial work*, Harper Collins Publishers（奥村哲史・須貝栄訳『マネジャーの仕事』白桃書房，1993年）.

Murray, E. J. [1964] *Motivation and emotion*, Prentice-Hall, Inc.（八木冕訳『動機と情緒』岩波書店，1966年）.

Netemeyer, R. G., Boles, J. S. and McMurrian, R. [1996] "Development and validation of work-family conflict and family-work conflict scales," *Journal of Applied Psychology*, 81(4), 400-410.

Parasuraman, S., Purohit, Y. S. and Godshalk, V. M. [1996] "Work and family variables, entrepreneurial career success, and psychological well-being. *Journal of Vocational Behavior*, 48(3), 275-300.

Perry-Smith, J. E. and Blum, T. C. [2000] Work-family human resource bundles and perceived organizational performance," *Academy of Management Journal*, 43(6), 1107-1117.

Rosen, J., Stiehl, E. M. Mittal, V. and Leana, C. R. [2011] "Stayers, leavers, and switchers among certified nursing assistants in nursing homes: A longitudinal investigation of turnover intent, staff retention, and turnover," *The Gerontologist*, 51(5), 597-609.

Schneider, B., Ehrhart, M. G. and Macey, W. H. [2013] "Organizational climate and culture," *Annual Review of Psychology*, 64(1), 361-388.

Schneider, B. and Hall, D. T. [1972] "Toward specifying the concept of work climate: A study of Roman Catholic diocesan priests," *Journal of Applied Psychology*, 56(6), 447-455.

Staines, G. L. and Galinsky, E. [1992] "Parental leave and productivity: The supervisor's view," in Friedman, D. E., Galinsky, E. and Plowden, V. (Eds.), *Parental leave and productivity: Current research*, Families and Work Institute, 21-32.

Steel, R. P. and Ovalle, N. K. [1984] "A review and meta-analysis of research on the relationship between behavioral intentions and employee turnover," *Journal of Applied Psychology*, 69(4), 673-686.

Stoner, J. A. F. and Freeman, R. E. [1992] *Management: Fifth edition*, Prentice-Hall, Inc.

Thompson, C. A., Beauvais, L. L. and Lyness, K. S. [1999] "When work-family benefits are not enough: The influence of work-family culture on benefit utilization, organizational attachment, and work-family conflict," *Journal of Vocational Behavior*, 54(3), 392-415.

URL 等（引用順）

1．国立社会保障・人口問題研究所［2012］「日本の将来推計人口（平成24年1月推計）」国立社会保障・人口問題研究所ホームページ（http://www.ipss.go.jp/syoushika/tohkei/newest04/gh2401.pdf, 2014年9月24日閲覧）.

2．国立社会保障・人口問題研究所［2013］「日本の世帯数の将来推計（全国推計）2013（平成25）年1月推計」国立社会保障・人口問題研究所ホームページ（http://www.ipss.go.jp/pp-ajsetai/j/HPRJ2013/gaiyo_20130115.pdf, 2017年4月6日閲覧）.

3．厚生労働省［2024］「第9期介護保険事業計画に基づく介護職員の必要数について」厚生労働省ホームページ（https://www.mhlw.go.jp/content/12004000/001274769.pdf, 2024年12月8日閲覧）.

4．厚生労働省［2007］「「社会福祉事業に従事する者の確保を図るための措置に関する基本的な指針」の見直しについて」厚生労働省ホームページ（http://www.mhlw.go.jp/bunya/seikatsuhogo/dl/fukusijinzai.pdf, 2014年9月25日閲覧）.

5．厚生労働省［2023］「令和4年雇用動向調査結果の概況」厚生労働省ホームページ（https://www.mhlw.go.jp/toukei/itiran/roudou/koyou/doukou/23-2/dl/gaikyou.pdf, 2024年12月9日閲覧）.

6．厚生労働省［2024］「令和5年雇用動向調査結果の概況」厚生労働省ホームページ（https://www.mhlw.go.jp/toukei/itiran/roudou/koyou/doukou/24-2/dl/gaikyou.pdf, 2024年12月9日閲覧）.

7．介護労働安定センター［2020］「令和元年度介護労働実態調査　事業所における介護労働実態調査結果報告書」介護労働安定センターホームページ（https://www.kaigo-center.or.jp/content/files/report/2020r02_chousa_jigyousho_chousahyou.pdf, 2024年12月10日閲覧）.

8．介護労働安定センター［2021］「令和2年度介護労働実態調査　事業所における介護労働実態調査結果報告書」介護労働安定センターホームページ（https://www.kaigo-center.or.jp/content/files/report/2021r01_chousa_jigyousho_kekka.pdf, 2024年12月10日閲覧）.

9．介護労働安定センター［2022］「令和3年度介護労働実態調査　事業所における介護労働実態調査結果報告書」介護労働安定センターホームページ（https://www.kaigo-center.or.jp/content/files/report/2022r01_chousa_jigyousho_kekka.pdf, 2024年12月10日

閲覧）．

10. 介護労働安定センター［2023］「令和 4 年度介護労働実態調査　事業所における介護労働実態調査結果報告書」介護労働センターホームページ（https://www.kaigo-center.or.jp/content/files/report/2023r01_chousa_jigyousho_kekka.pdf, 2024年12月 9 日閲覧）．

11. 介護労働安定センター［2024］「令和 5 年度介護労働実態調査　事業所における介護労働実態調査結果報告書」介護労働安定センターホームページ（https://www.kaigo-center.or.jp/content/files/report/2023_jittai_chousa_jigyousya_honpen.pdf, 2024年12月 9 日閲覧）．

12. 厚生労働省［2004］「介護保険制度の見直しに関する意見」厚生労働省ホームページ（http://www.mhlw.go.jp/shingi/2004/07/dl/s0730-5a.pdf, 2013年 8 月28日閲覧）．

13. 社会福祉振興・試験センター［2024］「各年度末の都道府県別登録者数（平成11年度以降）」社会福祉振興・試験センターホームページ（https://www.sssc.or.jp/touroku/pdf/pdf_tourokusya_year_r06.pdf, 2024年12月10日閲覧）．

14. 厚生労働省［2014］「第107回社会保障審議会介護給付費分科会資料：介護人材確保対策について」厚生労働省ホームページ（http://www.mhlw.go.jp/file/05-Shingikai-12601000-Seisakutoukatsukan-Sanjikanshitsu_Shakaihoshoutantou/0000056770.pdf, 2014年11月 5 日閲覧）．

15. 厚生労働省［2013］「第33回社会保障審議会医療部会資料：看護職員確保対策について」厚生労働省ホームページ（http://www.mhlw.go.jp/file/05-Shingikai-12601000-Seisakutoukatsukan-Sanjikanshitsu_Shakaihoshoutantou/0000025363.pdf, 2016年 3 月22日閲覧）．

16. 日本看護協会［2007］「潜在ならびに定年退職看護職員の就業に関する意向調査報告書（第 1 部潜在看護職員調査）」日本看護協会ホームページ（https://www.nurse-center.net/nccs/scontents/NCCS/html/pdf/h18/S1801_3.pdf, 2016年 4 月 6 日閲覧）．

17. 厚生労働省［2008］「介護福祉士等現況把握調査の結果について」厚生労働省ホームページ（http://www.mhlw.go.jp/bunya/seikatsuhogo/haaku_chosa/dl/01.pdf, 2014年10月 8 日閲覧）．

18. 厚生労働省［2015］「2025年に向けた介護人材の確保〜量と質の好循環の確立に向けて〜（社会保障審議会福祉部会福祉人材確保専門委員会）」厚生労働省ホームページ（http://www.mhlw.go.jp/file/05-Shingikai-12601000-Seisakutoukatsukan-Sanjikanshitsu_Shakaihoshoutantou/0000075800_1.pdf, 2016年 3 月26日閲覧）．

19. 全国社会福祉協議会［2010］「介護施設の組織力を高めるワーク・ライフ・バランス：その考え方と実際」全国社会福祉協議会ホームページ（http://www.shakyo.or.jp/research/2010_pdf/kaigowork.pdf, 2016年4月5日閲覧）.

20. 厚生労働省［2016］「介護人材の確保（生産性向上・業務効率化等）（参考資料）」厚生労働省ホームページ（https://www.mhlw.go.jp/file/05-Shingikai-12601000-Seisakutoukatsukan-Sanjikanshitsu_Shakaihoshoutantou/0000136016.pdf, 2018年10月5日閲覧）.

21. 社会福祉振興・試験センター［2016］「社会福祉士・介護福祉士就労状況調査結果」社会福祉振興・試験センターホームページ（http://www.sssc.or.jp/touroku/results/pdf/h27/results_sk_h27.pdf, 2017年4月4日閲覧）.

22. 男女共同参画会議・仕事と生活の調和（ワーク・ライフ・バランス）に関する専門調査会［2007］「「ワーク・ライフ・バランス」推進の基本的方向報告—多様性を尊重し仕事と生活が好循環を生む社会に向けて」内閣府男女共同参画局ホームページ（http://www.gender.go.jp/kaigi/senmon/wlb/pdf/wlb19-7-2.pdf, 2017年1月10日閲覧）.

23. 内閣府［2006］「少子化社会対策に関する先進的取組事例研究報告書（Ⅳ. 欧米諸国におけるワーク・ライフ・バランスへの取組）」内閣府ホームページ（http://www8.cao.go.jp/shoushi/shoushika/research/cyousa17/sensin/pdf/hokoku40.pdf, 2017年3月27日閲覧）.

24. 厚生労働省［2022］「令和3年度介護従事者処遇状況等調査結果」厚生労働省ホームページ（https://www.mhlw.go.jp/toukei/saikin/hw/kaigo/jyujisya/21/dl/r03kekka.pdf, 2024年12月10日閲覧）.

25. 厚生労働省［2022］「「令和3年度雇用均等基本調査」の結果概要」厚生労働省ホームページ（https://www.mhlw.go.jp/toukei/list/dl/71-r03/07.pdf, 2024年12月10日閲覧）.

26. 介護労働安定センター［2023］「令和4年度介護労働実態調査　介護労働者の就業実態と就業意識調査結果報告書」介護労働安定センターホームページ（https://www.kaigo-center.or.jp/content/files/report/2023r01_chousa_cw_kekka.pdf, 2024年12月10日閲覧）.

27. 介護労働安定センター［2016］「平成27年度介護労働実態調査（事業所における介護労働実態調査）事業所統計表」介護労働安定センターホームページ（https://www.kaigo-center.or.jp/content/files/report/h27_chousa_jigyousho_toukeihyou.pdf, 2024年12月10日閲覧）.

28. 介護労働安定センター［2018］「平成29年度介護労働実態調査（介護労働者の就業実態

と就業意識調査）労働者統計表」介護労働安定センターホームページ（https://www.kaigo-center.or.jp/content/files/report/h29_chousa_roudousha_toukeihyou.pdf, 2024年12月10日閲覧）.

29. 介護労働安定センター［2019］「平成30年度介護労働実態調査　介護労働者の就業実態と就業意識調査結果報告書」介護労働安定センターホームページ（https://www.kaigo-center.or.jp/content/files/report/2019_chousa_roudousha_chousahyou.pdf, 2024年12月10日閲覧）.

索　引

〈あ 行〉

意思決定の役割（マネジャー）　58, 142
OJT（on the job training）　5
OFF-JT（off the job training）　5

〈か 行〉

介護職の専門性　5, 19
介護職の離職　11
介護福祉士　7, 10, 14, 21
介護労働実態調査　3, 108
概念形成スキル（マネジメントスキル）　59, 60,
　140
技術的スキル（マネジメントスキル）　59, 60
業務独占資格　21
くるみん認定　70
行動に基づく葛藤　29
個人的要因（介護職の就業継続）　13

〈さ 行〉

時間に基づく葛藤　29
シフト勤務（シフトによる勤務）　38, 46, 74,
　99, 102
シフトワーク　29, 39, 118
事務作業の効率化や省力化　21, 22
就業継続意図　27, 89, 107
熟練労働　5
情報関係の役割（マネジャー）　58, 139, 145
職場風土　34, 35, 40, 45, 64, 65, 74, 110, 133,
　144
職務満足　27, 28, 62
人材マネジメント　33, 34
深夜勤務　38, 46
ストレインに基づく葛藤　29
セミプロフェッション　20
潜在的介護福祉士　8, 10
潜在的看護職員　9
潜在的有資格者　8, 14
専門的権威（professional authority）　20

〈た・な 行〉

対人関係の役割（マネジャー）　57
対人的・集団的要因（介護職の就業継続）　12
多元的測定―組織属性アプローチ　48
知覚的測定―個人属性アプローチ　48
知覚的測定―組織属性アプローチ　48
トップ・マネジャー　59, 124, 139
ナーシングアシスタント（certified nursing
　assistant）　11
人間関係スキル（マネジメントスキル）　59, 60

〈は 行〉

バーンアウト　27
働き方　14, 18, 34, 38, 64, 65, 72, 109, 129,
　140
パパ・クォーター制　30
パラプロフェッション　20
ヒューマン・サービス職　20, 27, 64, 137, 157,
　160
ファーストライン・マネジャー　59, 124
ファミリー・フレンドリー　23, 25, 26, 30
不規則な勤務体制　39, 46, 72, 157
フルプロフェッション　20
フレックスタイム　31, 33
プロフェッション（プロフェッショナル）　20

〈ま 行〉

マネジメント　55, 123
マネジメントレベル　59, 141, 147
マネジャー　57, 60
ミドル・マネジャー　59, 124
名称独占資格　21
モチベーション　51

〈そ 行〉

ソーシャル・サポート　103
組織コミットメント　27, 38, 62
組織的要因（介護職の就業継続）　11, 12
組織風土　47, 51, 158
組織風土の下位次元　52, 84

〈や・ら行〉

役割曖昧性　13, 27, 29
役割葛藤　13, 26, 27, 29
ライフイベント　19, 22, 93, 154
ロールモデル　62, 79, 85, 116, 136

〈わ　行〉

WFC(ワーク・ファミリー・コンフリクト)
　26, 28, 39

WFB(ワーク・ファミリー・バランス)　26
WFBに関する組織文化(work-family culture)
　61
WLB(ワーク・ライフ・バランス)　25, 27, 28,
　35, 60, 157
ワーク・ライフ・バランス・キャンペーン　26, 31
WLB憲章　25
WLB支援策　30, 32
WLB支援制度　34, 35, 64, 65, 72, 109, 127,
　137

《著者紹介》

大竹恵子（おおたけ　けいこ）

愛知県生まれ

2008年　同志社大学政策学部政策学科卒業

2019年　同志社大学大学院総合政策科学研究科博士課程（後期課程）修了，
　　　　博士（政策科学）

現　在　京都先端科学大学経済経営学部経営学科准教授

主要業績

「第Ⅲ章　モチベーション」『よくわかる看護組織論』（分担執筆）ミネルヴァ
　　書房，2017年．

「日本の介護職におけるワーク・ライフ・バランスの問題点──文献レビュー
　　を通して──」『同志社政策科学研究』19（1），2017年，313-322．

「介護福祉士の介護分野での就業に関する現状と課題」『同志社政策科学研究』
　　18（1），2016年，39-52．

介護職へのワーク・ライフ・バランス支援
──組織風土とマネジメントから考える──

2025年3月20日　初版第1刷発行　　　　＊定価はカバーに
　　　　　　　　　　　　　　　　　　　　表示してあります

著　者　大　竹　恵　子 ©

発行者　萩　原　淳　平

印刷者　中　村　勝　弘

発行所　株式会社　晃　洋　書　房

〒615-0026　京都市右京区西院北矢掛町7番地
電話　075（312）0788番（代）
振替口座　01040-6-32280

装丁　尾崎閑也　　　　　　　印刷・製本　中村印刷株式会社

ISBN978-4-7710-3961-2

JCOPY 〈㈳出版者著作権管理機構　委託出版物〉
本書の無断複写は著作権法上での例外を除き禁じられています．
複写される場合は，そのつど事前に，㈳出版者著作権管理機構
（電話 03-5244-5088，FAX 03-5244-5089，e-mail: info@jcopy.or.jp）
の許諾を得てください．